中国经济结构性改革研究

张 瑀／著

吉林大学出版社
·长春·

图书在版编目（CIP）数据

中国经济结构性改革研究 / 张瑀著. -- 长春 : 吉林大学出版社, 2023.3
ISBN 978-7-5768-1595-5

Ⅰ.①中… Ⅱ.①张… Ⅲ.①中国经济—经济改革—研究 Ⅳ.①F12

中国国家版本馆CIP数据核字(2023)第070413号

书　　名：	中国经济结构性改革研究
	ZHONGGUO JINGJI JIEGOUXING GAIGE YANJIU
作　　者：	张　瑀
策划编辑：	黄国彬
责任编辑：	马宁徽
责任校对：	闫竞文
装帧设计：	刘　丹
出版发行：	吉林大学出版社
社　　址：	长春市人民大街4059号
邮政编码：	130021
发行电话：	0431-89580028/29/21
网　　址：	http://www.jlup.com.cn
电子邮箱：	jldxcbs@sina.com
印　　刷：	天津和萱印刷有限公司
开　　本：	787mm×1092mm　1/16
印　　张：	12.5
字　　数：	200千字
版　　次：	2023年3月　第1版
印　　次：	2023年3月　第1次
书　　号：	ISBN 978-7-5768-1595-5
定　　价：	68.00元

版权所有　翻印必究

目 录

导论 ………………………………………………………………… 1

第一章 研究中国经济结构性改革的理论基础 ………………… 4
 第一节 经济结构性改革内涵解读 ……………………………… 5
 第二节 原点的马克思主义社会经济结构理论 ………………… 15
 第三节 发展的马克思主义社会经济结构思想 ………………… 22

第二章 中国经济结构性改革绩效评估 ………………………… 30
 第一节 经济结构性改革的历程演进 …………………………… 30
 第二节 经济结构性改革取得的进展 …………………………… 38
 第三节 经济结构性改革存在的问题 …………………………… 61

第三章 推进中国经济结构性改革的障碍因素 ………………… 72
 第一节 内需拉动的制度性障碍 ………………………………… 72
 第二节 产业升级的政策性障碍 ………………………………… 80
 第三节 要素创新的制度性障碍 ………………………………… 86
 第四节 国资国企改革的体制性障碍 …………………………… 93

第四章 中国经济结构性改革的国际经验借鉴 ………………… 101
 第一节 美国做法与经验 ………………………………………… 101
 第二节 日本做法与经验 ………………………………………… 106

第三节　英国做法与经验 ···································· 112
第四节　国外经验对中国经济结构性改革的启示 ··············· 116

第五章　推进中国经济结构性改革的对策建议·················· 123
第一节　准确把握主要矛盾关系 ···························· 123
第二节　完善提振需求的制度保障体系 ······················ 129
第三节　优化产业政策体系框架 ···························· 147
第四节　强化创新驱动发展的政策供给 ······················ 152
第五节　深化国有企业体制机制改革 ························ 167

参考文献·· 179

导　论

改革开放以来,我国积极融入国际经济大循环,形成市场和资源"两头在外"的发展模式,有效发挥了我国在全球制造业中的要素低成本优势,发挥规模经济效应、技术外溢效应,实现了经济的高速增长。面对2008年国际金融危机给我国外部经济环境带来的严重冲击,我国推动经济向拉动内需主导转变。2012年第三季度,中国GDP同比增长7.4%,是14个季度以来的最低水平,标志着我国进入潜在增长率下行的经济新常态阶段。从表面上看,我国经济增速回落是由有效需求不足引发的,但实则反映的是供给结构无法适应需求侧的快速变化,即供需结构失衡。但同时也带来了核心技术关键装备依赖进口、产业链现代化水平低、产业升级遭遇瓶颈、生态环境恶化等一系列结构性问题。2015年11月10日,习近平在中央财经领导小组第十一次会议上强调,"在适度扩大总需求的同时,着力加强供给侧结构性改革,着力提高供给体系质量和效率,增强经济持续增长动力,推动我国社会生产力水平实现整体跃升"[①]。2015年以来,供给侧结构性改革持续深入推进,从"三去一降一补"到"巩固、增强、提升、畅通"八字方针,供给侧结构性改革不仅有效提高了产品供给质量,促进了产业结构的升级,也扩大了国内有效需求,增强了经济持续增长动力,但仍存在一些结构性失衡问题未得到有效解决。近年来,逆全球化思潮持续蔓延,贸易保护主义、单边主义、民粹主义盛行,尤其是2020年以来新

---

① 习近平.论把握新发展阶段、贯彻新发展理念、构建新发展格局[M].北京:中央文献出版社,2021:55.

冠肺炎疫情在全球范围内爆发，国际经济循环受到冲击，我国经济运行也面临较大压力。面对复杂多变的国际政治经济形势，习近平总书记提出中国经济社会进入新发展阶段，要形成以国内大循环为主体、国内国际双循环相互促进的新发展格局。2020年底的中央经济工作会议进一步指出："加快构建以国内大循环为主体、国内国际双循环相互促进的新发展格局，要紧紧扭住供给侧结构性改革这条主线，注重需求侧管理，打通堵点，补齐短板，贯通生产、分配、流通、消费各环节，形成需求牵引供给、供给创造需求的更高水平动态平衡，提升国民经济体系整体效能。[①]""十四五"规划建议提出："坚持扩大内需这个战略基点，加快培育完整内需体系。"这表明，畅通国民经济循环除了要继续将"供给侧"作为主线贯穿其中，从源头上自立自强、提质增效，还要立足"需求侧"这个战略基点，打通阻碍内需潜力释放的堵点，实现供给和需求的结构性动态平衡。

妥善处理好供给与需求的关系是促进经济结构平衡的关键所在。不同于西方经济学将供给和需求作为两个独立的变量来进行分析，马克思主义政治经济学更加重视物质生产过程中供给和需求的同一性，始终把供求作为辩证的统一体，反对割裂两者的关系、片面强调供给侧或需求侧的观点，为促进供求结构性动态平衡提供了理论基础。尽管在我国不同的时期各异的经济形势下，实施供给侧结构性改革和需求侧管理时会有所侧重，但单向度地只强调通过一侧的改革实现经济的均衡增长，都是行不通的。因此，要针对供求双侧的矛盾，共同发力，实施供给侧改革与需求侧管理相结合的经济结构性改革，在供求双侧对立统一的良性互动中共同推动经济平稳持续增长。

本书以马克思主义社会经济结构理论为指导，以国家做出的关于经济结构性改革理论创新和战略决策及一系列改革措施为政策导向，在对中国经济结构性改革历程、改革取得的进展与存在问题及改革推进的障碍因素进行深入剖析的基础上，提出推进供给侧改革与需求侧管理相结合的经济

---

① 习近平.中央经济工作会议在北京举行[N].人民日报，2020-12-19(01).

结构性改革。根据这一研究设想，本书的展开逻辑如下：首先，对马克思主义社会经济结构理论发展与演变进行梳理，并对结构性改革及其相关概念加以界定。以此为基础，通过回顾中国经济结构性改革的历程，对改革进行绩效评估，总结改革取得的成效和仍存在的问题。而后，对推进中国经济结构性改革的障碍因素进行深度剖析，从供需两侧挖掘在制度改革、机制建构及政策设计方面存在的障碍因素。最后，本书对典型国家经济结构性改革的做法与成效进行了深入分析，并辩证地吸收其改革经验，提出推进中国经济结构性改革的对策建议。

第一章　研究中国经济结构性改革的理论基础

实践的对象及其价值在不同的时代由于客观条件之迥异而有所不同。马克思政治经济学理论的瑰宝也会因为不同时代的特殊性而散发具有时代特征的光芒。社会经济结构理论是马克思历史唯物主义的重要组成部分，也是考察分析社会经济问题的理论基础。结构的方法是马克思主义理论重要的方法论原则，通过对事物内部结构的剖析，发现事物之间质的区别。在《〈政治经济学批判〉序言》中，马克思指出："人们在自己生活的社会生产中发生的一定的、必然的、不以他们的意志为转移的关系，即同他们的物质生产力的一定发展阶段相适合的生产关系。这些生产关系的总和构成社会的经济结构，即有法律的和政治的上层建筑竖立其上并有一定的社会意识形式与之相适应的现实基础。"[1] 上述论断体现了马克思认为社会经济结构与生产关系、经济基础是处在同一序列的经济范畴，并将社会经济结构视为经济基础。同时马克思将社会经济结构归结为由生产力、生产关系（经济基础）、上层建筑等基本要素组成的统一体。马克思对社会经济结构的理解揭示了经济结构的一些本质规定。一是经济结构是生产关系的总和，是人们的物质生活关系和精神生活关系的总和；二是将经济结构视作矛盾关系体，存在着生产力和生产关系、经济基础与上层建筑的矛盾关系；三是经济结构的变化动力来源于生产力和生产关系的矛盾运动，其中起决定作用的是生产力。可见，马克思对于经济结构的理解更加全面深刻，坚持了历史唯物主义的基本原则，即社会存在决定社会意识，社会的

---

[1] 马克思, 恩格斯. 马克思恩格斯文集（第2卷）[M]. 北京: 人民出版社, 2009: 591.

经济结构是上层建筑的基础,也是整个社会生产生活的基础。

第一节 经济结构性改革内涵解读

一、结构性改革的概念界定

目前,我国经济学界对结构性改革还未形成一致的定义,我们可以借鉴一些国际经济组织对结构性改革内涵的界定作为参考。亚太经合组织(APEC)认为,结构性改革是指通过改革制度框架、监管方式和政策设计,增强市场化激励、强化竞争、促进区域经济一体化,从而提高发展中国家市场运行效率和开放程度,为长期经济增长和收入提升奠定基础。[1]同时,APEC还归纳了结构性改革的六大支柱,包括竞争政策、监管政策、提高财政透明度、加强基础设施和法制以及公共部门治理和公司治理。经济合作与发展组织(OECD)对结构性改革的界定则更为宽泛,认为所有旨在促进人均收入水平提升的市场导向的经济改革都称为结构性改革。另外,OECD对中国的结构性改革建议主要包括三个方面,一是减少行政干预市场,营造公平的竞争环境;二是发展职业教育,提升劳动力素质;三是金融领域要注重自由化改革和完善监管之间的平衡,解除政府对银行的隐性担保等。[2]我国学者根据新常态下我国经济发展的实际情况,对结构性改革进行了不同角度的诠释。简新华(2016)认为经济结构性改革是与经济结构调整优化有关的制度变革或经济结构领域的制度改革。[3]黄奇帆(2020)认为无论是宏观经济或微观经济,问题往往存在于系统之中、现

---

[1] 王一鸣,陈昌盛等.重构新平衡:宏观经济形势展望与供给侧结构性改革[M].北京:中国发展出版社,2016:141.

[2] 王一鸣,陈昌盛等.重构新平衡:宏观经济形势展望与供给侧结构性改革[M].北京:中国发展出版社,2016:142.

[3] 简新华,余江.马克思主义经济学视角下的供求关系分析[J].马克思主义研究,2016(04):68.

状之中，表现为结构性的、体制性的、机制性的、制度性问题。通过改变问题的联系方式、边界条件，抓住问题的结构性短板、要素性短板、机制性短板，使矛盾的运动轨迹朝着理想的方向和预期目标转化。[①]黄奇帆进一步指出要遵循马克思主义辩证法的基本规律，按照"问题—结构—对策"的逻辑分析范式来推进结构性改革。笔者认为，理解我国经济结构性改革的内涵，需要从"结构性"和"改革"两个方面重点把握。首先，"结构性"是指有所侧重，而非均匀发力，针对突出矛盾进行有选择的改革。当前，我国经济结构性矛盾的主要方面在供给侧，因此应以供给侧存在的问题为导向，将结构性改革政策更多地聚焦于产业、企业、要素供给等供给侧因素。其次，"改革"是指根据生产力发展的需要改变或调整生产关系，具体是指变革原有制度及构建新制度，即为了促进经济结构的优化，对原来束缚产业结构调整、要素配置、企业体制机制扭转的制度进行改革创新，夯实进一步解放和发展生产力的制度基础。邓小平同志曾指出："改革是中国的第二次革命"，"我们所有的改革都是为了一个目的，就是扫除发展社会生产力的障碍"。[②]因此，改革的对象是制度，是对原有制度、体制、机制、政策实施根本性变革。简而言之，经济结构性改革的内在逻辑在于生产方式的变革，调整生产关系以适应生产力发展要求，通过变革旧制度和构建新制度，消除经济结构调整的制度障碍，为经济结构优化提供制度保证，夯实经济持续稳定发展的制度基础。

二、结构性改革理念的形成

结构性改革（structural reform）概念由来已久，历经了不同时期的不同学术流派的研究和不同国家的政策实践的发展，其内涵也在持续演变。经过理论梳理，"结构性改革"一词有两个重要的理论来源。首先，"结

[①] 黄奇帆.结构性改革[M].北京：中信出版社，2020：1.
[②] 邓小平.邓小平文选（第3卷）[M].北京：人民出版社，1993：134.

构性改革"最早可追溯到第二次世界大战后,世界银行和国际货币基金组织在对发展中国家提供贷款时,要求贷款国实施财政紧缩、放松政府管制、私有化、降低贸易壁垒、开放市场等结构性改革政策措施。①这些措施的共同特征是以自由市场化为价值取向,以提高资源配置效率为目的。这一时期结构性改革政策的贯彻实施,切实增强了发展中国家抵御外部环境冲击、促进经济稳定发展的能力,夯实了经济增长的基础。这也使得很多国际经济组织在以后的很长一段时间将结构性改革作为应对全球经济危机、发展中国家减少贫困、区域经济一体化等问题的政策建议。其次,20世纪80年代,美国里根政府和英国撒切尔政府推行的自由化市场改革,又称"里根经济学""撒切尔经济学",其主要改革措施包括大规模减税和削减财政开支、放松政府对企业的限制、营造市场自由竞争的政策环境等,这在一定程度上刺激了经济增长,缓解了经济停滞和通货膨胀的不堪局面。这些改革实践后来也被理论界认为是经济结构性改革的典型政策措施。2008年全球经济危机爆发以来,加强经济结构性改革逐渐成为各国的共识,尤其是欧债危机后,欧洲国家普遍将结构性改革作为应对危机的重要举措。改革开放40多年来,我国积极融入国际经济大循环,形成"两头在外"的发展模式,有效发挥了我国在制造业中的要素低成本优势,发挥规模经济、技术外溢效应,实现了经济的高速增长。但同时也带来了核心技术关键装备依赖进口、产业链现代化水平低、产业升级遭遇瓶颈、生态环境恶化等一系列结构性问题。2015年11月10日,习近平总书记在中央财经领导小组第十一次会议上强调,"在适度扩大总需求的同时,着力加强供给侧结构性改革,着力提高供给体系质量和效率,增强经济持续增长动力,推动我国社会生产力水平实现整体跃升"。②随后在当月18日的亚太经合组织工商领导人峰会上,习近平指出:"要解决世界经济深层次问

---

① 王一鸣,陈昌盛,等.重构新平衡:宏观经济形势展望与供给侧结构性改革[M].北京:中国发展出版社,2016:140.
② 习近平.论把握新发展阶段、贯彻新发展理念、构建新发展格局[M].北京:中央文献出版社,2021:55.

题，单纯靠货币刺激政策是不够的，必须下决心在推进经济结构性改革方面作更大努力，使供给体系更适应需求结构的变化。"[1]近年来，逆全球化思潮持续蔓延，贸易保护主义、单边主义、民粹主义盛行，尤其是2020年以来新冠肺炎疫情在全球范围内大爆发，国际经济循环受到冲击，我国经济运行也面临较大压力。面对复杂多变的国际政治经济形势，习近平总书记提出中国经济社会进入新发展阶段，要形成以国内大循环为主体、国内国际双循环相互促进的新发展格局。2020年底的中央经济工作会议进一步指出："加快构建以国内大循环为主体、国内国际双循环相互促进的新发展格局，要紧紧扭住供给侧结构性改革这条主线，注重需求侧管理，打通堵点，补齐短板，贯通生产、分配、流通、消费各环节，形成需求牵引供给、供给创造需求的更高水平动态平衡，提升国民经济体系整体效能。"[2]"十四五"规划和2035年远景目标纲要提出："坚持扩大内需这个战略基点，加快培育完整内需体系，把实施扩大内需战略同深化供给侧结构性改革有机结合起来，以创新驱动、高质量供给引领和创造新需求，加快构建以国内大循环为主体、国内国际双循环相互促进的新发展格局。"[3]这表明，构建新发展格局除了要继续将"供给侧"作为主线贯穿其中，从源头上自立自强、提质增效，还要立足"需求侧"这个战略基点，打通阻碍内需潜力释放的堵点，畅通国内经济大循环，实现供给和需求的结构性动态平衡。当前我国经济处于错综复杂的内外部环境之中，产能过剩、有效供给短缺、有效需求不足、综合成本上升、创新能力缺失、体制机制约束性较强等结构性矛盾与问题集中突显。结构性改革是破解当前我国经济

---

[1] 新华网.习近平在亚太经合组织工商领导人峰会上的演讲［EB/OL］.（2015-11-18）［2019-09-30］.http://www.xinhuanet.com/world/2015-11/18/c_1117186815.htm.

[2] 旗帜网.2020年中央经济工作会议（2020年12月16日-18日）［EB/OL］.（2022-04-12）［2022-06-20］.http://www.qizhiwang.org.cn/BIG5/n1/2022/0412/c443710-32396984.html.

[3] 中国政府网.中华人民共和国国民经济和社会发展第十四个五年规划和2035年远景目标纲要［EB/OL］.（2021-03-13）［2022-06-20］.http://www.gov.cn/xinwen/2021-03/13/content_5592681.htm.

矛盾的根本方法。根据马克思社会经济结构理论，经济结构是生产关系的总和，是整个社会生活的经济基础，存在着生产力和生产关系、经济基础与上层建筑的矛盾关系，而经济结构性问题的产生就源于生产力和生产关系的矛盾运动。因此，经济结构性改革的内容就是根据生产力发展的实际需要调整生产关系，克服生产关系中不完善的部分，化解矛盾，推动生产力的发展，这也是改革的任务。

三、结构性改革与相关概念的关系

党的十八大以来，习近平总书记在公开文章和国内外场合讲话中，不断提及"新常态""结构性改革""供给侧结构性改革""需求侧管理""高质量发展"等政策术语，使这些术语成为国内外学界讨论的高频热词。为了正确理解和贯彻这些新提法和要求，除了了解其内涵之外，还需要进一步厘清结构性改革与这些提法的区别与联系。

（一）新常态与结构性改革

党的十八大以来，我国经济面临增长速度换挡期、结构调整阵痛期、前期刺激政策消化期"三期叠加"的巨大压力，以习近平同志为核心的党中央综合分析世界经济长周期和我国发展阶段性特征及其相互作用，从时间和空间大角度审视我国发展。2014年5月习近平总书记在河南考察时，首次提出"新常态"这一概念。同年12月，习近平主持中央政治局会议，做出"我国进入经济发展新常态"这一重要论断。这是正确判断和把握形势的论断，明确回答了我国经济形势怎么看、经济工作怎么干的问题，有力引导了全党全社会对经济形势的判断。2014年12月，习近平在中央经济工作会议上首次系统地阐述了中国经济新常态在消费需求、投资需求、出口和国际收支、生产能力和产业组织方式、生产要素相对优势、市场竞争特点、资源环境约束、经济风险积累和化解以及资源配置模式和宏观调控方式方面的九大基本趋势。2017年中央经济工作会议首次提出以新发展理念为主要内容的习近平新时代中国特色社会主义经济思想，会议再次明确强调"坚持适应把握引领经济发展新常态,立足大局,把握规律"[①]。新常态下,我国经济发展表现出速度变化、结构优化、动力转换三大特点。适应新常态、把握新常态、引领新常态,是当前和今后一个时期我国经济发展的大逻辑。要深刻认识我国经济发展新特点、新要求,着力解决制约经济持续健康发展的重大问题。中国经济经历持续30多年高速增长后,内部因素和外部环境都发生了变化,经济发展步入新常态阶段后,经济增速由高速转为中高速,发展动力由要素驱动、投资驱动向创新驱动转变,结构调整由增量扩能转向增量与存量并重。总的来说,经济发展的基本面向好,但是也面临着许多风险和隐患,特别是在长期粗放发展的惯性作用下,逐渐积累了一些体制性弊端和结构性矛盾,突出表现为供给与需求的错配、有效供给不足与低效产能过剩并存、过度投资与消费需求不足并存等。这些结构性问题相互交织、叠加,已成为适应和引领经济新常态必须破解的桎梏,所以必须加强经济结构性改革,完善改革措施,以矫正供求结构错配,扩大有效供给,提高供给结构的适应性,促进经济的持续均衡增长。因此,我国经济发展中长期积累的、无法通过短期需求刺激解决的结构性矛盾和问题是导致我国经济进入新常态阶段的原因。因此,经济结构性改革是我国进入新发展阶段推动经济高质量发展的必然选择和必由之路。

(二)高质量发展与结构性改革

高质量发展是党的十九大首次提出的新表述。中国特色社会主义进入新时代,我国经济发展也进入了新时代,基本特征就是我国已由高速增长阶段转向高质量发展阶段。推动高质量发展,既是保持经济持续健康发展的主动选择,也是适应我国社会主要矛盾变化和全面建成小康社会、全面建设社会主义现代化国家的必然要求,更是遵循经济规律发展的必然要求。高质量发展是能够满足人民日益增长的美好生活需要的发展,是体现新发展理念的发展。更明确地说,高质量发展,就是经济发展从"有

[①] 中国政府网.中央经济工作会议在北京举行[EB/OL].(2017-12-20)[2019-09-30]. http://www.gov.cn/xinwen/2017-12/20/content_5248899.htm.

没有"转向"好不好"。①推动高质量发展是当前和今后一个时期确定发展思路、制定经济政策、实施宏观调控的根本要求。必须坚持质量第一、效益优先，推动经济发展质量变革、效率变革、动力变革，不断增强经济创新力和竞争力，加快形成推动高质量发展的指标体系、政策体系、标准体系、统计体系、绩效评价、政策考核，创建和完善制度环境，推动我国经济在实现高质量发展上不断取得新进展。深化供给侧结构性改革是实现经济高质量发展的重要途径。2018年底中央经济工作会议指出，坚持以供给侧结构性改革为主线来推动高质量发展。要推进中国制造向中国创造转变，中国速度向中国质量转变，制造大国向制造强国转变。深化要素市场化配置改革，重点在"破""立""降"上下功夫。大力破除无效供给，把处置"僵尸企业"作为重要抓手，推动化解过剩产能；大力培育新动能，强化科技创新，推动传统产业优化升级，培育一批具有创新能力的排头兵企业，积极推进军民融合深度发展；大力降低实体经济成本，降低制度性交易成本，继续清理涉企收费，加大对乱收费的查处和整治力度，深化电力、石油天然气、铁路等行业改革，降低用能、物流成本。总的来说，供给侧结构性改革实际是一种手段，高质量发展是最终目标，供给侧结构性改革是实现我国经济高质量发展的重要突破口。

（三）结构性改革与经济结构调整

经济结构调整是指国家通过运用经济、法律和适当的行政手段，改善现有的经济结构状况，使之合理化、完善化，以进一步适应生产力发展要求的调整过程。因此，经济结构调整是经济结构本身的变革优化，而结构性改革是促进经济结构调整的相关制度的改革，是要消除经济结构调整过程中的制度障碍，为经济结构调整提供制度保证。所以经济结构不是制度，不存在改革的问题，只有演进、调整、优化升级的问题。②另外，从

---

① 中共中央宣传部.习近平新时代中国特色社会主义思想学习纲要[M].北京：学习出版社，2019：113.
② 简新华，余江.马克思主义经济学视角下的供求关系分析[J].马克思主义研究，2016（4）：68.

经济结构调整的方式来看，一是被动的适应性调整，即当经济结构性矛盾不断加剧，对经济发展产生严重负面影响时，被迫实施的结构性调整，这是大多数国家在应对经济危机或经济萎靡时采取的调整方式；二是主动的战略性调整，即依据本国经济结构的特点及全球经济结构变化的趋势，有预见性地提前调整其经济结构，从而赢得较充分的发展时机。在我国经济新常态阶段，存在的经济增速换挡、动力机制转换、结构性矛盾凸显等问题，是中国经济30多年高速增长后步入新的发展阶段的特征，背后深层次的原因是经济结构的失衡。因此，在这种情况下，我国经济结构性改革采取了适应性调整和战略性调整结合的方式，根据当前经济结构存在的主要矛盾和隐患以及全球经济结构的发展变化，创新调整战略，有计划地稳步推进促进经济结构调整的制度改革，为经济结构优化打下制度基础。总的来说，经济结构性改革是积极应对新时期的新特征、新问题，加快推进经济结构战略性调整的主动选择。

（四）结构性改革与供给侧结构性改革、需求侧管理

供给和需求是市场经济内在关系的两个基本方面，二者对立统一，互为条件。供给和需求在总量及结构层面的动态平衡推动了经济的持续增长。同时，供给与需求的结构关系也是基本的经济结构关系。相应地，供给侧和需求侧则是经济结构性改革的两个基本手段，二者需相互协调配合才能发挥应有的作用。不同国家在不同的发展时期，供给侧和需求侧的具体内涵和调控内容不尽相同，但二者的政策取向是基本明确的。供给侧政策的基本措施包括：放任市场，让市场发挥配置资源的功能；在制度体制上，限制政府干预经济活动，激发市场活力；注重经济结构的调整；减低税收和政府支出规模；注重中长期经济目标，更加关注经济的可持续增长。需求侧政策的大致取向包括：刺激投资需求，增加政府支出；在制度体制上强化对经济的控制；注重经济总量的调整；关注中短期经济目标，经济保持较高速的增长，以减少经济波动带来的影响。

改革开放以来，我国宏观调控的思路是以需求侧管理为核心的经济政策为主，通过增加固定资产投资、扩大公共开支、强化对经济的干预等

方式促进经济的增长和应对国际市场和经济危机的冲击。尽管"十一五"以来，转变经济发展方式、进行经济结构调整一直被视为国家经济和社会发展的重要方针，但总体上看，国家还是主要以总需求管理为主来进行宏观调控。长期扩张性政策带来的经济繁荣的背后，却积累了大量结构性失衡的矛盾，诸如产能过剩、发展方式和产业结构不合理、创新驱动不足、流动性过剩等，只不过由于经济长期高速增长掩盖了经济结构性矛盾的严重后果。因此，每当出现经济萧条时，各级政府都会使用需求管理的相关政策措施来应对，长此以往，进一步加剧了已经非常严重的结构性矛盾。2008年全球金融危机之后，为应对整体经济迅速回落的趋势，国家紧急出台4万亿投资计划、10万亿"天量信贷"和大规模地方政府举债投资，并全面放松了对房地产的严格控制，出台了鼓励汽车消费的刺激性政策，这些政策的实施不但在短期内抵消了经济危机的冲击，也实现了经济增速的快速反弹。不可否认，这种注重总量调节的需求政策确实在短期内起到了稳定经济增长的效果，然而，过于宽松的信贷条件，加上财政和产业扶持力度过度，投资增长过快，造成了钢铁、水泥、煤炭等传统产业生产能力严重过剩，同时引发了房地产高库存、地方政府高负债率、企业高成本等结构性问题，从而抑制了我国经济持续健康发展的能力。步入经济新常态以来，我国进入经济增速换挡期、结构调整阵痛期、前期刺激政策消化期，使得多年积累的等结构性矛盾集中凸显，除了存在产能过剩、房地产高库存等无效供给过多的情况外，还同时存在大量关键装备、核心技术、高端产品还依赖进口的情况，庞大的国内市场没有掌握在我们自己手中。同时，我国农业供给也没有很好地适应需求变化，大豆生产缺口很大，而玉米增产则超过了需求增长，农产品库存也就过大了。另外，随着我国人均GDP突破8000美元，我国正式进入了中等收入国家行列，中高端消费群体日益壮大，但这些有大量购买力支撑的消费需求在国内得不到有效供给，消费者将大把钞票花费在出境购物、海淘购物上，购买的商品已从珠宝首饰、名包名表、名牌服饰等奢侈品向电饭煲、马桶盖、奶粉、奶瓶等日用品延伸。有数据显示，2018年中国人境内外奢侈品消费总额高达7700亿元，占全球消费总额的三分之一。预计到2025年，中国人奢侈品消费总额将占全球40%。所以事实证明，我国不是需求不足，也不是没有需求，而是需求变了，供给的产品却没有变，质量、服务跟不上。有效供给不足带来大量"需求外溢"，消费能力严重外流。[①]需求管理边际效益不断递减，单纯依靠刺激内需难以解决这些结构性矛盾。2015年11月10日召开的中央财经领导小组第十一次会议上，习近平指出："在适度扩大总需求的同时，着力加强供给侧结构性改革、着力提高供给体系质量和效率，增强经济持续增长动力，推动我国社会生产力水平实现整体跃升。"[②]2015年以来，供给侧结构性改革持续深入推进，从"三去一降一补"到"巩固、增强、提升、畅通"八字方针，供给侧结构性改革不仅有效提高了产品供给质量，促进了产业结构的升级，也扩大了国内有效需求，增强了经济持续增长动力，但仍然有一些结构性失衡问题未得到有效解决，主要表现在供给结构对需求变化的适应性和灵活性明显不足。2016年以来，逆全球化思潮持续蔓延，贸易保护主义、单边主义、民粹主义盛行，全球经济陷入衰退困境，加之新冠疫情全球暴发，"中国威胁论""去中国化"及"脱钩"等国际舆论甚嚣尘上，中国发展的良好外部环境在逐渐丧失，同时还面临着经济结构转型、经济发展方式转变、推动经济从高速发展向高质量转变的内部压力。在这种内外部条件下，把发展立足点放在国内，更多依靠国内市场实现经济发展就成为必然选择。2020年5月14日，中共中央政治局常委会会议首次明确提出"构建国内国际双循环相互促进的新发展格局"，并强调从供给和需求两侧同时发力构建新发展格局。从供给侧来看，要进一步深化供给侧结构性改革；从需求侧来看，要充分发挥我国超大规模经济体优势和深挖内需潜力，畅通国内经济循环形成强大的国内市场，以稳中有进的国内经济来应对错综复杂的国际格局变化。在2020年底的中央经济工作会议上，习近平总书记进一步

---

① 习近平. 习近平谈治国理政. 第二卷[M]. 北京：外文出版社, 2017: 253.
② 习近平. 论把握新发展阶段、贯彻新发展理念、构建新发展格局[M]. 北京：中央文献出版社, 2021: 55.

指出:"加快构建以国内大循环为主体、国内国际双循环相互促进的新发展格局,要紧紧扭住供给侧结构性改革这条主线,注重需求侧管理,打通堵点,补齐短板,贯通生产、分配、流通、消费各环节,形成需求牵引供给、供给创造需求的更高水平动态平衡,提升国民经济体系整体效能。"[1]"十四五"规划建议提出:"坚持扩大内需这个战略基点,加快培育完整内需体系。"这表明,构建新发展格局除了要继续将"供给侧"作为主线贯穿其中,从源头上自立自强、提质增效,还要立足"需求侧"这个战略基点,打通阻碍内需潜力释放的堵点,畅通国内经济大循环,实现供给和需求的结构性动态平衡。

尽管在不同的时期各异的经济形势下,实施供给侧政策和需求侧政策时会有所侧重,但片面强调通过一侧的改革实现经济的均衡增长,都是行不通的。因此要针对供给和需求侧的矛盾问题,两端共同发力,实施供给侧改革与需求侧管理相结合的供求双侧结构性改革,在供求双侧对立统一的良性互动中共同推动中国经济增长。

第二节 原点的马克思主义社会经济结构理论

一、社会经济结构的类型

马克思认为:"经济范畴只不过是生产的社会关系的理论表现,即其抽象。"[2]该论断可进一步推理得出,人类社会的经济活动就是社会生产活动的抽象的理论形式,社会生产活动是经济活动的具体表现,因此社会的生产结构就可以看作是社会的经济结构。社会生产结构有两种类型:一是生产运行结构,即生产、交换、分配和消费四个环节构成的经济结构。[3]在

---

[1] 习近平.中央经济工作会议在北京举行[N].人民日报,2020-12-19(01).
[2] 马克思,恩格斯.马克思恩格斯选集(第1卷)[M].北京:人民出版社,2012:222.
[3] 贾贵生.马克思社会经济结构理论初探[J].内蒙古大学学报(哲学社会科学版),1996(6):44.

这四个环节中，核心是生产及人们在直接生产过程中所结成的关系，其决定着产品的分配、交换及消费关系。同时，产品的分配、交换和消费关系又对生产关系产生影响。二是生产要素结构，即物质资料生产要素的相对稳定的联结方式。生产要素结构是社会基本的经济结构，也是历史唯物主义视之为社会基础的基本经济结构。① 劳动过程的简单要素是："有目的活动或劳动本身，劳动对象和劳动资料"②，即劳动者、劳动对象和劳动资料。在生产过程中，物质资料生产要素具有四种稳定的联结方式。首先，人与自然的关系，即"人和自然之间的过程，是人以自身的活动来中介、调整和控制人和自然之间的物质变换过程"③。可见，人与自然的关系既是人改造自然界的社会性活动，也是人在生产中的社会关系。人与自然的关系中体现出来的人的实际能力就是生产力，其具有两个鲜明的特征，即客观性和历史性，因此生产力作为一种客观的经济力量，是"全部历史的基础"，同时生产力作为一种经济关系，又是全部历史承前启后的纽带。其次，劳动者与劳动资料的关系。这种联结方式主要体现在两个方面：一是劳动者使用什么样的劳动工具进行生产，是使用手工工具，还是大机器；二是劳动者与劳动工具的关系。"在工场手工业和手工业中，是工人利用工具，在工厂中，是工人服侍机器。在前一种场合，劳动资料的运动从工人出发，在后一种场合，则是工人跟随劳动资料的运动。"④可以看出，劳动者与劳动资料关系的变化是区别各个时代的主要标志，而且二者之间关系的变化势必引起社会经济结构的变革。再次，劳动者之间的关系。劳动者之间的关系主要表现为劳动者在一定的生产组织内的分工与协作。劳动者与劳动资料以及劳动者之间的关系代表了劳动资料的使用方式和生产过程的组织方式，这两部分构成了生产方式。然而，生产方式的两个方面并

---

① 贾贵生.马克思社会经济结构理论初探[J].内蒙古大学学报（哲学社会科学版），1996（6）：44.
② 马克思,恩格斯.马克思恩格斯选集（第2卷）[M].北京：人民出版社，2012：170.
③ 马克思,恩格斯.马克思恩格斯选集（第2卷）[M].北京：人民出版社，2012：169.
④ 马克思,恩格斯.马克思恩格斯选集（第2卷）[M].北京：人民出版社，2012：227.

不是彼此孤立存在的，而是有机地联系在一起，并相互影响、相互作用。其中，劳动资料的发展是生产方式变革的根本性力量。在人类社会发展的早期，受限于简陋且不充足的劳动资料，劳动者在生产过程中的组织方式也是以简单的自然分工为主。随着劳动工具的发展，逐渐形成了简单协作的生产组织方式。后来，到了机器大工业时代，生产过程的组织方式日益社会化，分工与协作交错纵横，多层次、结构复杂化社会生产体系形成。为了生存，人们就必须生产，为了组织生产就需要人们以一定的方式结合起来，不断地创造生存所需要的物质资料，同时也在不断地改变着人类的生产方式。今天的生产方式是以往任何时代的生产方式都无法比拟的，但今天的一切都是历史发展的结果。最后，生产条件的所有者与直接生产者的关系，即所有制关系。生产条件归谁所有、归谁占有、归谁支配和使用等这些生产条件的所有关系是社会生产的历史前提和条件。[①]生产资料的所有关系是所有制关系的主要方面，其支配着直接生产者以及生产运行的各个环节。因此，从根本上说，所有制关系就是指生产资料的所有制关系。

从分析生产要素结构的四种基本的联结方式中，可以提炼出社会生产过程中三种基本的生产关系，即生产力、生产方式和生产资料所有制，进而"这些生产关系的总和构成社会的经济结构"。

二、社会经济结构的功能

当把社会经济结构看作是"生产关系的总和"时，便具有了特殊的功能：其一，经济结构是以一定的形式把人和物结合起来，是将可能的生产力变为现实生产力的基本前提。尽管在生产力和生产关系相统一的生产方式中，生产力是生产关系的基础，然而，若不通过生产关系将生产力中人的要素和物的要素结合起来，也就只是可能的生产力，因此若没有由生产

---

① 贾贵生.马克思社会经济结构理论初探[J].内蒙古大学学报（哲学社会科学版），1996(6)：44.

关系总和构成的社会经济结构,生产便不存在;与此同时,生产关系也对生产力的发展产生反作用。其二,经济结构对社会的政治结构和文化结构起决定性作用,并构成二者的现实基础。[①]因此,马克思指出:"这些生产关系的总和构成社会的经济结构,即有法律的和政治的上层建筑竖立其上并有一定的社会意识形式与之相适应的现实基础。"[②]可以得出,社会经济结构就是经济基础。马克思进一步指出:"任何时候,我们总是要在生产条件的所有者同直接生产者的直接关系——这种关系的任何当时的形式必然总是同劳动方式和劳动社会生产力的一定的发展阶段相适应——当中,为整个社会结构,从而为主奴关系和依附关系的政治形式,总之,为任何当时的独特的国家形式,发现最隐蔽的秘密,发现隐藏着的基础。"[③]这一论述指出由社会生产力、生产关系、上层建筑构成的生产资料所有制关系在整个社会结构中发挥基础作用,对社会生产的全部性质和全部运动起决定性作用。

三、社会经济结构的稳定条件

社会再生产的运行是否正常,是任何一个经济结构稳定的基本条件。马克思社会资本再生产理论就是通过对社会总资本实现问题的分析,来科学地解释整个宏观经济结构的基本稳定条件。马克思社会资本再生产理论是以劳动价值论为基础的宏观经济理论的重要内容之一。该理论体系内容丰富,逻辑严密,阐述了资本主义经济体系中总量平衡与结构协调的关系,指出了经济结构对资本主义经济持续稳定增长发挥的重要作用。

马克思对社会总产品的实物构成和价值构成的划分是研究社会再生产理论的两个前提。按照实物构成的划分,将社会产品分为生产资料和消费资料两大类,社会生产部门也相应地分为生产生产资料的部类(Ⅰ)和生产

---

① 陈先达. 马克思主义哲学原理(第2版)[M]. 北京:中国人民大学出版社,2004:216.
② 马克思,恩格斯. 马克思恩格斯文集(第2卷)[M]. 北京:人民出版社,2009:591.
③ 马克思. 资本论(第3卷)[M]. 北京:人民出版社,2004:894.

消费资料的部类（II）。两大部类互为前提、互相制衡，同时两大部类之间及其内部组成部分之间在持续不断的更替过程中形成了一定的数量比例关系。按照价值构成划分，社会产品分为三个部分，即不变资本（c），可变资本（v）及剩余价值（m）。据此，马克思进一步分析了再生产的两种基本形式，即简单再生产和扩大再生产。简单再生产是没有积累的再生产，是一种理论上的抽象概括；扩大再生产是将剩余价值的一部分（除资本家消费外）用于积累并投资的再生产。通过扩大再生产，社会总产品的规模才会持续或大，从而才能实现经济的发展和增长。

第一，扩大再生产的前提条件。

两大部类生产的产品在满足简单再生产的需要外，还必须有剩余，才能为扩大再生产创造条件，公式如下：

$I(c+v+m)>Ic+IIc$ ［可简化为$I(v+m)>IIc$］

$II(c+v+m)>I(v+m/x)+II(v+m/x)$ ［可简化为$I(c+m-m/x)>I(v+m/x)$］

第二，扩大再生产的实现过程。

在马克思设计的扩大再生产的模型中，假设两大部类第一年的社会总产品价值构成为：

$I4000c+1000v+1000m=6000$

$II1500c+750v+750m=3000$　　　　　　合计9000

从这个模型中可以看出$I(1000v+1000m)>II1500c$，符合扩大再生产的前提条件，即$I(v+m)>IIc$的要求，使扩大再生产成为可能。但仅仅具备这一个条件是不够的，还必须使两大部类社会总产品的各组成部分形成一定的供求比例关系，才能使扩大再生产顺利进行。

（1）假设第I部类资本家将剩余价值（m）的一半（$500m/x$）用于个人消费，剩下一半按原有资本有机构成4：1的比例进行积累再投资，即400用于追加不变资本Δc，100用于追加可变资本Δv。因此，第I部类产品构成变化为：

$I4000c+400\Delta c+1000v+100\Delta v+500m/x=6000$

（2）上述模型中的$4000c+400\Delta c$产品可以通过第I部类内部交换得以实现，$1000v+100\Delta v+500m/x$产品则必须与第II部类的生产资料交换才能实现。然而，第II部类仅消耗了1500c，这样就造成第I部类有价值100的生产资料不能实现。因此，为了满足扩大再生产的需要，第II部类也必须进行相应的积累，即从750m中拿出100m用来追加不变资本Δc，并按照原有资本有机构成2∶1的比例再取出50m用于追加可变资本Δv。此时，第II部类产品构成变化为：

II 1500c+100Δc+750v+50Δv+600m/x=3000

经过以上两大部类产品的几次交换，使得各个部分的产品在价值上和物质上得到补偿，并形成了全新的供求平衡关系，因而使得下一年的社会资本再生产能够顺利开展。假定剩余价值率为100%，那么到第二年末，两大部类产品的价值构成将变化成：

I 4400c+1100v+1100m=6600

II 1600c+800v+800m=3200　　　　　　合计9800

由此可见，经过一年的社会资本再生产的运作，社会总产品价值由9000上升至9800，实现了扩大再生产和经济的增长。通过以上对扩大再生产实现过程的分析，可以得出实现扩大再生产的三大平衡条件：

I（v+m）=IIc+（IΔc+IIΔc）

I（c+v+m）=（Ic+IIc）+（IΔc+IIΔc）

II（c+v+m）=（Iv+IIv）+（Im/x+IIm/x）+（IΔv+IIΔv）

上述平衡式说明在社会资本扩大再生产条件下，第Ⅰ部类生产资料的供给与两大部类维持简单再生产和扩大再生产所需生产资料之和相等；第Ⅱ部类消费资料的供给应与两大部类用于简单再生产和扩大再生产所需消费资料的总量保持均衡。马克思通过分析扩大再生产的实现过程，阐明了两大部类均衡的比例结构是社会资本再生产的基本条件，凸显出总量和结构均衡对于社会资本再生产顺利实现的重要性。另外，马克思再生产理论探讨的是一种理想的社会供求状态，而现实的资本主义经济发展在市场经济基本矛盾和资本主义基本矛盾的作用下，是不可能保证社会资本再生产的顺利实施的，因此，资本主义经济的周期性经济危机是难以避免的。

四、社会经济结构的历史形式

按照历史唯物主义的基本原则,人类历史上一切社会经济形态都可以看作是由一定的生产关系总和构成的、一定结构的客体,而且由于不同生产关系在每个社会的经济结构中的地位各不相同,从而形成了社会经济结构的不同的具体历史形式。以资本主义经济形态作为节点,可划分为两种社会经济结构的历史形式。首先,第一种历史形式包括原始社会、奴隶社会、封建社会等资本主义社会以前的各种社会的经济结构,其具有如下的基本特征:一是土地所有制关系居于支配地位,并构成社会经济结构的基础,使用价值的生产是社会生产的目的。二是自然在人们的社会生产中发挥主导优势。马克思指出:"在土地所有制处于支配地位的一切社会形式中,自然联系还占优势"[1],"劳动的主要客观条件本身并不是劳动的产物,而是已经存在的自然。"[2]。由此可见,资本主义以前各种社会的经济结构是以土地所有制关系为核心、自然占支配优势的经济结构形式。其次,第二种历史形式是资本主义社会的经济结构。这经济结构的主要特点包括:一是具有统治地位的生产关系不再是土地所有制关系,而是资本关系。社会的生产主要是以资本为基础的生产,同时价值也取代使用价值成为社会生产的目的。二是社会性因素在人们的社会生产中成为决定因素。"在资本处于支配地位的社会形式中,社会、历史所创造的因素占优势"[3]。由于价值是资本主义社会生产的目的,因此资本创造价值更多地取决于流通时间,交换在某种程度上决定了生产,于是社会性因素以及对其的依赖成了社会生产的决定性因素。所以,资本主义社会的经济结构是以资本关系为核心、社会性因素占支配优势的经济结构形式。

---

[1] 马克思,恩格斯. 马克思恩格斯选集(第2卷)[M]. 北京:人民出版社,2012:707.
[2] 马克思,恩格斯. 马克思恩格斯全集(第46卷)(上)[M]. 北京:人民出版社,1979:483.
[3] 马克思,恩格斯. 马克思恩格斯选集(第2卷)[M]. 北京:人民出版社,2012:707.

不同经济形态的经济结构的具体特征各异，但从抽象意义上来考察，都具有共同点：一是发挥主导作用的生产关系决定着其他生产关系的性质。马克思认为，在一切社会经济结构中"都有一种一定的生产决定其他一切生产的地位和影响。因而它的关系也决定其他一切关系的地位和影响。这是一种普照的光，它掩盖了一切其他色彩，改变着它们的特点。这是一种特殊的以太，它决定着它里面显露出来的一切存在的比重"①。在资本主义社会经济结构中，资本关系是起决定性作用的生产关系，一切社会生产关系的发展和变化都受到资本的支配和影响，因此农业也逐渐变成了由资本支配的一个工业部门。二是一切社会的经济结构都是由该社会生产关系总和构成的统一体。②在这种经济结构整体中，各种生产关系有机地联系，互为前提，相互制约，推动着人类社会的发展。

第三节　发展的马克思主义社会经济结构思想

除马克思本人外，其他马克思主义经典作家在宣传发展马克思主义基本原理和理论的过程中，从不同的层面研究马克思社会经济结构理论，形成了各自有别的思想观点。

一、列宁的社会经济结构思想

伟大的无产阶级革命家、马克思主义理论家列宁在长期坚持和捍卫马克思主义的过程中，进一步丰富和发展了马克思社会经济结构理论。列宁将社会经济结构理解为社会经济形态，并将社会经济形态定义为一定生产关系的总和或系统。首先，列宁肯定了马克思"社会经济形态的发展是一种自然历史过程"的思想，并指出马克思运用了与各种主观唯心主义完

---

① 马克思, 恩格斯. 马克思恩格斯文集（第8卷）[M]. 北京: 人民出版社, 2009: 31.
② 刘勇. 马克思的社会经济结构理论及其方法论意义 [J]. 中州学刊, 1983 (3): 10.

全不同的分析方法，"就是从社会生活的各种领域中划分出经济领域，从一切社会关系中划分出生产关系，即决定其余一切关系的基本的原始的关系"。①可见列宁运用了历史唯物主义的方法来分析社会经济关系。其次，列宁肯定了生产力在社会经济结构中的基础性决定作用。列宁认为："只有把社会关系归结于生产关系，把生产关系归结于生产力的水平，才能有可靠的根据把社会形态的发展看做自然历史过程。"②这一论断揭示了生产关系变化发展的根源是生产力。列宁在《弗里德里希·恩格斯》一文中进一步阐明了生产力发挥根本性作用的观点。列宁指出："马克思和恩格斯是唯物主义者，他们用唯物主义观点观察世界和人类，看出一切自然现象都有物质原因作基础，同样，人类社会的发展也是受物质力量即生产力的发展所制约的。生产力的发展决定人们在生产人类必需的产品时彼此所发生的关系。用这种关系才能解释社会生活中的一切现象，人们的意向、观念和法律。"③从上述论述可以看出，列宁认为生产力是社会历史发展的物质基础，生产力决定生产关系。同时把生产关系的内容概括为生产资料所有制关系、人们在社会组织中所起的作用以及社会财富的分配方式。

二、毛泽东的社会经济结构思想

毛泽东在其论著中多次提及"社会的经济结构""社会结构""社会经济形态"等词汇，但都未明确界定其内涵。因此，在不同背景下，这些概念的意指也是不尽相同的。毛泽东继承了马克思的社会经济结构思想，并把生产力和生产关系、经济基础和上层建筑概括为社会基本矛盾，并且认为"所谓经济基础，就是生产关系，主要是所有制"④。新中国成立后，在探索符合中国国情的社会主义建设道路的过程中，毛泽东以马克思

---

① 列宁. 列宁选集（第1卷）[M]. 北京：人民出版社，2012：6.
② 列宁. 列宁选集（第1卷）[M]. 北京：人民出版社，2012：8.
③ 列宁. 列宁选集（第1卷）[M]. 北京：人民出版社，2012：91.
④ 刘海藩，万福义主编. 毛泽东思想综论[M]. 北京：中央文献出版社，2006：112.

社会资本再生产理论为指导，提出了社会主义经济结构平衡发展的思想，主要包括产业结构平衡发展、积累和消费的平衡关系以及沿海地区和内地区域结构平衡发展等思想。首先，平衡好农业、轻工业和重工业间的产业结构比例关系。产业结构的均衡是一国或地区经济结构平衡发展的关键。毛泽东肯定了马克思社会资本再生产理论的分析，即两大部类总量和结构平衡是整个宏观经济结构稳定的基本条件，并在此基础上进一步结合中国国情，提出了产业结构平衡发展的观点，着重强调了处理好重、轻和农业的比例关系。在《关于正确处理人民内部矛盾的问题》论著中，毛泽东阐述了关于优先发展重工业、工业和农业齐头并进的经济平衡发展思想；在1959年的庐山会议中，毛泽东深刻反思了1958年的"大跃进"运动，认识到其对轻工业和农业发展带来的不良后果，并针对产业结构不均衡引起的结构性矛盾，提出"我们现在的问题，就是还要适当地调整重工业和农业、轻工业的投资比例，更多地发展农业、轻工业"[①]。其次，平衡好消费与积累的关系。根据马克思社会资本再生产理论，生产资料和消费资料两大部类剩余价值按一定的比例进行消费和积累，才能使社会总产品在价值上和物质上得到补偿，从而使社会资本再生产能够顺利开展。消费与积累是对立统一的关系，因此在国民收入总额一定的情况下，若用于积累的基金较多，那么用于消费部分的基金就会减少，反之亦然。这反映出发展生产与提升人民生活水平之间的矛盾。因此，毛泽东认为："我国每年作一次经济计划，安排积累和消费的适当比例，求得生产和需求之间的平衡。"[②]正确处理消费与积累之间的平衡关系是解决发展生产与改善人民生活之间矛盾的根本之策。积累和消费的平衡关系体现在经济活动的分类领域则表现为国家和集体的经济利益与个人经济利益之间的平衡。毛泽东反对为积累更多的经济建设资金而损害个人的经济利益，如在农业建设领域，他主张以降低农业税来提高农产品价格，以此来确保农民的经济利益不受损

---

① 毛泽东.毛泽东著作选读（下册）[M].北京：人民出版社，1986：722.
② 毛泽东.毛泽东文集（第7卷）[M].北京：人民出版社，1999：215.

害。同时强调合理地调节国家税收、合作社资金积累和农民消费资金的比例关系，做到既要让国家和合作社有积累，又要让农民通过提高生产来增加个人收入用于消费。最后，沿海与内陆的区域经济平衡发展。为缩小我国沿海和内陆地区的工业经济发展差距，毛泽东在"一五"计划期间提出区域经济平衡发展的思想。在这一发展思想的指导下，加上苏联的援助，我国内陆地区初步建立起较为完善的工业体系。毛泽东在《论十大关系》一文中指出："沿海的工业基地必须充分利用"，同时也强调"为了平衡工业发展的布局，内地工业必须大力发展"[①]。上述论断充分体现了毛泽东的区域经济平衡发展思想。

三、邓小平的社会经济结构思想

邓小平根据我国改革开放后的经济发展实践以及社会经济结构的变化，继承和发展了马克思社会经济结构理论，形成了切合中国发展实际并闪耀着辩证唯物史观的社会经济结构思想，奠定了中国特色社会主义建设的基础。邓小平社会经济结构思想具有诸多创新见解，主要体现在两个方面：一是阐明了经济制度与经济体制的区别与联系。邓小平在深刻理解马克思社会经济结构理论，在结合中国改革发展实践的基础上，对经济制度与经济体制的联系与区别有了更深层次的认知。邓小平认为，社会基本经济制度和社会经济体制构成社会的经济结构，并主张将二者结合起来进行统筹考量。作为在一定社会经济形态中处于主导地位的经济制度，在经济结构中处于支配地位，决定着该社会经济形态的本质和主要特征。生产资料所有制、分配制度等是社会基本经济制度，决定着社会的基本性质；经济体制是社会基本经济制度的组织形式和运行机制，在经济结构中处于从属地位。市场经济、计划经济属于经济体制，其不反映社会的本质特征。邓小平指出："计划多一点还是市场多一点，不是社会主义与资本主义的本

---

① 毛泽东. 毛泽东文集（第7卷）[M]. 北京：人民出版社，1999：25.

质区别。计划经济不等于社会主义，资本主义也有计划；市场经济不等于资本主义，社会主义也有市场。计划和市场都是经济手段。"①这一经典论断从根本上扭转了人们对计划与市场、社会主义与资本主义之间区别与联系的认识，是邓小平对马克思社会经济结构理论的创新，同时也夯实了社会主义经济体制改革的理论根基。二是说明了社会基本经济制度中关于主体经济与补充经济的关系。在我国当时的发展阶段中，主体经济是社会主义公有制经济，其基本形式是全民所有制和集体所有制；非公有制经济属于补充经济。邓小平指出："吸收外资也好，允许个体经济的存在和发展也好，归根到底，是要更有力地发展生产力，加强公有制经济。"②公有制为主体、多种所有制经济共同发展是我国社会主义初级阶段的一项社会基本经济制度。公有制的主体地位主要体现在国有经济控制国民经济命脉，对国民经济发展起到主导作用，国有资产在社会总资产中占优势。坚持公有制经济的主体地位是邓小平经济结构思想的充分体现，也是对马克思社会经济结构理论的继承与发展。

四、习近平的社会经济结构思想

党的十八大以来，以习近平同志为核心的党中央面对我国严峻复杂的国际形势和艰巨繁重的国内改革发展任务，立足我国基本国情，将马克思主义政治经济学理论同中国特色社会主义实践有机结合，提出一系列新理念新思想新战略，在实践中形成和发展了习近平经济思想。我国步入经济新常态阶段以来，习近平及中央领导集体在综合研判世界经济走势、正确评估中国经济新常态发展形势的基础上做出的供给侧结构性改革这一重大理论创新，是对马克思主义社会经济结构理论的发展。2015年11月，习近平首次提出，"在适度扩大总需求的同时，着力加强供给侧结构性改

---

① 邓小平.邓小平文选（第3卷）[M].北京：人民出版社，1993：373.
② 邓小平.邓小平文选（第3卷）[M].北京：人民出版社，1993：149.

革"。这一论断不仅明确了供给侧是当前我国经济结构性矛盾的主要方面，而且也指出了总需求管理在结构性改革中发挥的作用，是对当前我国社会供给与需求结构关系的深刻认识。随后，习近平在多次重要会议讲话中逐步对供给侧结构性改革的重点、任务、目的等内容做了具体阐述。2016年1月18日，习近平在省部级主要领导干部学习贯彻党的十八届五中全会精神专题研讨班上指出供给侧结构性改革的重点是"用改革的办法推进结构性调整，减少无效和低端供给，扩大有效和中高端供给，增强供给结构对需求变化的适应性和灵活性，提高全要素生产率"[1]，并认为供给侧和需求侧是管理和调控宏观经济的两个基本手段。二者不是非此即彼、一去一存的替代关系，而是要"相互配合、协调推进"，这一观点明确了改革的方式，即供给侧与需求侧共同发力。供给和需求是市场经济内在关系的两个基本方面，其内在的核心关系是生产和消费的关系。根据马克思社会经济结构理论，以生产、交换、分配、消费构成的经济结构是社会的生产运行结构，其中生产决定消费，消费是生产的目的和结果。二者协调平衡是社会再生产运行的基础，正如习近平所指出的"从政治经济学的角度看，供给侧结构性改革的根本，是使我国供给能力更好满足广大人民日益增长、不断升级和个性化物质文化和生态环境需要，从而实现社会主义生产目的"[2]。2016年1月26日，习近平在中央财经领导小组第十二次会议中指出将"三去一补一降"即去产能、去库存、去杠杆、补短板、降成本作为供给侧结构性改革的主要任务。2016年5月16日，在中央财经领导小组第十三次会议中，习近平进一步明确了结构性改革的根本目的"是提高供给质量满足需求，使供给能力更好满足人民日益增长的物质文化需要"。2017年10月18日，在中国共产党第十九次全国代表大会开幕会上，习近平宣布中国特色社会主义进入了新时代，提出要进一步贯彻新发展理念，建

---

[1] 习近平.在省部级主要领导干部学习贯彻党的十八届五中全会精神专题研讨班上的讲话[N].人民日报，2016-05-10(01).

[2] 中共中央宣传部编.习近平总书记系列重要讲话读本(2016年版)[M].北京：学习出版社：人民出版社，2016：156.

设现代化经济体系,并明确了新时代背景下深化供给侧结构性改革的重大意义和改革方向。习近平指出:"我国经济已由高速增长阶段转向高质量发展阶段,正处在转变发展方式、优化经济结构、转换增长动力的攻关期,建设现代化经济体系是跨越关口的迫切要求和我国发展的战略目标。必须坚持质量第一、效益优先,以供给侧结构性改革为主线,推动经济发展质量变革、效率变革、动力变革,提高全要素生产率,着力加快建设实体经济、科技创新、现代金融、人力资源协同发展的产业体系,着力构建市场机制有效、微观主体有活力、宏观调控有度的经济体制,不断增强我国经济创新力和竞争力。"[①]除了继续强调"三去一降一补"之外,新时代深化供给侧结构性改革更注重推进产业结构的调整,包括发展先进制造业、提升传统产业,保护企业家精神以及建设一支知识型、技能型、创新型的劳动者大军。2018年1月30日,习近平在主持中共中央政治局集体学习时强调,"要深化供给侧结构性改革,加快发展先进制造业,推动互联网、大数据、人工智能同实体经济的深度融合,推动资源要素向实体经济集聚、政策措施向实体经济倾斜、工作力量向实体经济加强,营造脚踏实地、勤劳创业、实业致富的发展环境和社会氛围"。这表明供给侧结构性改革不是一次简单的供给结构和经济结构调整,更不是简单地消除产能过剩,而是要开展一场深刻的经济体制变革,不仅包括供给侧结构调整的内容,更重要的实质性内容是对资源配置体制、生产经营组织体制和生产关系进行变革。然而,要深化供给侧结构性改革,还要依托总需求的增长和需求结构的变化,正如在2015年11月习近平首次提出供给侧结构性改革时就指出的"在适度扩大总需求的同时,着力加强供给侧结构性改革"。可以看出,中央在提出供给侧结构性改革之初就考虑到这场改革要以扩大总需求为依托,供给侧结构性改革必须与需求侧管理相配合。党的十九届五中全会进一步阐明了供给侧结构性改革与需求侧管理的辩证关系:"坚持扩大内

---

① 《党的十九大报告学习辅导百问》编写组. 党的十九大报告学习辅导百问[M]. 北京:党建读物出版社:学习出版社,2017:24.

需这个战略基点,加快培育完整内需体系,把实施扩大内需战略同深化供给侧结构性改革有机结合起来,以创新驱动、高质量供给引领和创造新需求。要畅通国内大循环,促进国内国际双循环,全面促进消费,拓展投资空间。"①2020年12月的中央经济工作会议进一步指出:"加快构建以国内大循环为主体、国内国际双循环相互促进的新发展格局,要紧紧扭住供给侧结构性改革这条主线,注重需求侧管理,打通堵点,补齐短板,贯通生产、分配、流通、消费各环节,形成需求牵引供给、供给创造需求的更高水平动态平衡,提升国民经济体系整体效能。"②可见,从供给侧结构性改革提出后的五年后又强调注重和完善需求侧管理,反映了当前我国结构性改革思路实际上始终在强调供给与需求相互依存、相互作用的关系,体现出习近平关于结构性改革的理论思路越来越完整,对理论的探索越来越深入,改革的目标及目标实现的路径也越来越清晰,不仅抓住了制约中国经济发展的关键与核心问题,为经济健康发展指明了方向,而且也极大丰富和发展了中国特色社会主义政治经济学。

---

① 中国政府网.中国共产党第十九届中央委员会第五次全体会议公报[EB/OL].(2020-10-29)[2022-06-20].http://www.gov.cn/xinwen/2020-10/29/content_5555877.htm.
② 习近平.中央经济工作会议在北京举行[N].人民日报,2020-12-19(01).

第二章　中国经济结构性改革绩效评估

改革开放以来，我国经济领域的改革和政策调整都是为了应对不同时期经济运行中所面临的突出问题，并且每一次改革的政策措施都涉及对供需结构的调整与优化。从政策的本质和实施效果来看，这些措施就是今天所说的经济结构性改革中的供给侧与需求侧改革。通过开展经济结构性改革，拉动了我国经济的快速增长，改革形成的结构优势和取得的进展也为我国经济发展保持全球领先地位奠定了基础。但不容忽视的是，改革措施在促进经济发展的同时，负面影响也在凸显，存在的结构性问题亟待破解。

第一节　经济结构性改革的历程演进

我国经济结构性改革历程的演进是在国家改革开放和经济体制改革总体战略框架下逐步展开和形成的。改革始于高度集中的计划经济体制，经历了计划经济主导下的供求调节、供求管理的市场化转型、需求刺激拉动经济快速增长以及供给侧改革与需求侧创新相结合四个阶段的演变与发展。

一、计划经济主导下的供求调节（1978—1991年）

1978—1991年是国民经济的体制转轨期。1978年中共十一届三中全会的召开，标志着中国进入了改革开放的全新时期。在这一时期，为消除计划经济体制对经济活力的长期约束，1984年10月，党的十二届三中全会通过《中共中央关于经济体制改革的决定》，先后推行了家庭联产承包责任制、设立经济特区、吸引外资等重大的变革性举措，极大地调动了各行各业的改革积极性，民心极其振奋，改革信心大增。需求侧改革方面，由于当时大多数领域的计划体制惯性尚未打破，依然习惯于依靠政府投资来拉动经济增长，同时总需求因货币供给失控而快速膨胀，造成需求侧的投资、消费出现"双膨胀、双过热"现象，加上对通胀预期的引导不当，物价上涨和市场价格混乱问题较为严重。为此，为理顺物价，加快改革步伐，1988年8月中央政治局讨论并通过了《关于价格、工资改革初步方案》，从而掀起了大规模的抢购风，囤积居奇愈演愈烈。随着抢购商品的恐慌风潮在全国各地加剧蔓延，同年8月末，中央召开紧急工作会议并宣布暂停物价改革，经济工作重点也从深化改革转到治理环境、整顿秩序上来。从本质上看，价格改革的目的是纠正价格扭曲，但由于当时我国并没有坚实的市场经济基础，宏观调控体系不健全，加上地方政府和国有企业产权约束不强，经济容易过热，然而应对经济过热往往采取行政干预色彩浓厚的需求抑制措施，使得经济迅速冷却，如此往复，导致"一放就乱、一管就死"现象时常发生。可见，这一时期的需求侧改革措施是不恰当的。供给侧改革方面，一是实施了纠正产业结构比例失调的产业政策。改革初期，由于当时全社会生产能力远不能满足庞大的建设规模和膨胀的社会消费需求，社会总需求远超过社会总供给，农业与工业、重工业与轻工业以及一般加工工业与基础工业比重严重失调，从而造成国民经济运行和发展的困难局面，迫切要求加强对产业结构的调整。1979年4月中央工作会议提出12条调整比例关系的原则和措施，要求集中精力发展农业、调整农业和工业的关系、加快轻纺工业发展等。1982年党的十二大报告指出加强能源产业和交通运输业的发展。1986年出台的"七五计划"中首次在国家层面提出"产业政策"这一政策术语，并提出了产业结构调整的方向和原则。这一时期的产业政策除注重产业结构调整外，也开始着眼于产业结构的升级，如提出加快生产和生活服务的第三产业发展、重点开发知识密集和技术密集型产品等。经过多年的调整，国民经济结构比例严重失调的局面得以扭转，长期存在的轻工业发展落后的状况得到较大改观。然而，多年积累下来的产业结构不合理、经济体制和运行机制存在缺陷等深层次问题还远没有解决。二是对国有企业实施以"放权让利"为特征的非产权改革。这一时期是在计划经济体制框架下我国国有企业改革的初步试探阶段，缺少可以借鉴的改革经验，取得成就的同时也积累了丰富的经验和教训。当时，我国对国有企业实行了忽视价值规律和市场作用的统包统销，政企职责不分，企业失去应有的自主权。因此，这一时期，为调动企业生产经营的积极性，国企改革则围绕着"扩权让利"展开，主要是指在坚持企业所有权不发生变化的条件下扩大企业的经营管理自主权，其主要内容包括扩大企业自主权试点、试行经济责任制、试行两步利改税及转换企业经营机制等尝试性措施。这些力图通过调整国家与企业之间权力利益关系以增强企业活力的措施确实在一定程度上取得了显著成效，国有企业利税、职工工资都有较大幅度增长。然而，由于缺少配套制度的支撑，政企不分问题并未得到较好的解决，同时"内部人控制"等问题也逐步显现。

二、供求管理的市场化转型（1992—2001年）

1992年以邓小平同志的"南方谈话"和党的十四大召开将改革推向了新的高潮，改革又一次迎来了大好局面。这一时期，主要采取的是供给侧结构性改革，如建立现代中央银行和商业银行体系、推进以分税制为代表的财税改革、以汇率并轨为代表的外汇管理体制改革以及以国有企业财务会计制度和国有资产管理体制改革为特征的国企改革等重大举措，使得经济活力明显增强，实现了1996年经济的"软着陆"。然而，1997年亚洲金融危机的爆发又给我国改革带来了更大的挑战，经济下滑、通货紧缩、出口受阻等多重问题相互交织，解决的难度加大。这时，中央政府已经开始意识到供给侧改革与需求侧管理并不是相悖的，保持总需求稳定，有利于推进供给侧结构性改革，同时更加注重供给侧改革与需求侧管理的市场化转型，增强了政策的有效性。因此采取了从供给侧和需求侧两端共同发力的措施，积极调整经济结构。需求侧改革方面，主要是采取积极的财政和货币政策，如1998—2001年，国家增加发行5100亿元长期建设国债用于国家基本建设投资，对固定资产投资的稳定增长起了重要作用。[1]同时四大国有银行对上述国债投资项目提供了与财政拨款总额大致相当的贷款，扭转了投资下滑的趋势。与此同时，为增加货币供给，央行还先后7次下调利率。供给侧改革方面，政府在涉及国企、金融、外贸、投融资体制、社会保障等多个领域启动了一系列重大改革。其中，深化国企改革取得了实质进展，包括按"抓大放小"方针对国有经济布局进行战略性调整，在对大型垄断性国有企业进行股份制改革的基础上开始初步建立起了符合市场经济要求的现代企业制度等。1993年，党的十四届三中全会第一次明确提出国有企业改革的方向是建立"产权明晰、权责明确、政企分开、管理科学"的现代企业，企业制度创新是解决国有企业改革深层次矛盾的关键。这一时期，国有企业改革取得显著成就，到2002年，15.9万户国有控股企业中的50%以上实行了公司制改革。从1998年到2002年底，国有及国有控股企业重组上市的有442家，累积筹集资金7436亿元，其中境外筹资352亿美元。[2]同时全国各地通过改组、联合、兼并、出售等产权多样化改革，将数十万国有中小企业改制为产权清晰、市场导向的民营企业，并给予放宽信贷的支持，以促进其发展。

三、刺激需求拉动经济快速增长（2002—2012年）

2002年，党的十六大召开标志着中国经济领域改革进入到一个全新的阶段。进入21世纪后，我国开始着重促进区域经济的协调发展，加强了

---

[1] 中国人民银行网站.2002年14期2002年第一季度货币政策执行报告[EB/OL].(2002-06-08)[2016-04-10].http://www.pbc.gov.cn/chubanwu/114566/114579/114649/2838769/index.html.

[2] 杨英杰,等.做优国企 改革新读本[M].北京:清华大学出版社,2017: 16.

对经济发展落后地区的战略部署和政策扶持。2000年，我国提出西部大开发战略，规范范围涉及我国12个省、自治区、直辖市。2001年，"十五"规划对实施西部大开发战略进行了具体部署。到2010年，西部地区结构调整、基础设施、生态环境保护、科技教育等基础建设快速推进，市场体制得以不断完善，特色产业得以初步形成，投资环境得到持续改善，生态环境保护得到极大重视，经济运行步入良性发展轨道，经济增速与全国平均水平持平。与此同时，2003年，国家首次提出了"振兴东北等老工业基地战略"，拉开了东北地区从2003年到2012年十年快速增长的序幕。十年间三省地区生产总值翻了两番之多，年均增速高达12.7%，经济总量迈上了新台阶。同时，结构调整得以不断推进，重大装备研制处于全国领先水平，粮食生产能力不断攀升，民生显著改善。西部和东北地区取得的成绩得益于国家在这一时期实施的以总需求管理工具为主的结构性改革措施，尤其是在2008年金融危机后，为应对整体经济迅速回落的趋势，我国紧急出台了"4万亿"投资计划、10万亿元"天量信贷"和大规模地方政府举债投资，并全面放松了对房地产的严格控制，出台了鼓励汽车消费的刺激性政策，不但在短期内抵消了经济危机的冲击，也实现了经济增速的快速反弹。不可否认，一系列的救市政策确实起到了稳定经济增长的效果，扭转了经济快速下行的态势、加快了新兴产业的发展进程、消费对经济增长的贡献率提高，经济刺激政策取得了预期的效果。然而，由于过于倚重短期需求政策，对改革的推动力度不足，政策的边际效应明显递减。就东北地区而言，主要表现在产业政策的过度使用加剧了产能过剩矛盾，为危机冲击过后的经济复苏和调整期的去产能增加了困难。2007年初至2008年上半年，国家产业政策以节能减排和结构调整为主，2008年末至2009年末，稳增长和产业振兴成了国家产业政策引导的方向，并出台了一揽子重点产业调整和振兴规划，这其中就包括《关于进一步实施东北地区等老工业基地振兴战略的若干意见》。该意见出台的本意在于帮助东北地区培育新的产业增长点，促进经济可持续增长。然而，在政策落地过程中，保增长成为压倒性的目标和价值取向，产业政策变成了短期需求刺激的手段，扶持性政策失去了底线，投资者和企业全然不顾市场需求和比较优势、产业竞争力的研判，争相上马各类项目，甚至包括本该淘汰、限制和转型的落后产业，造船、钢铁、石化、汽车、水泥、装备等传统产业的投资规模不降反升，加剧了东北地区产能过剩的矛盾，为危机过后的经济复苏和调整期的去产能带来了困难。2008年至2012年间，东北经济平均增速高达12.6%，比全国平均水平高出3.6个百分点。[①]可见，应对危机的需求刺激政策虽然在稳增长方面取得了预期成效，但在调结构、发挥市场机制作用等方面也出现了偏误，带来一些传统产业低效产能过剩和创新产业有效供给不足的结构性问题，抑制了经济持续增长的能力。

四、以供给侧结构性改革为主线（2013—2020年）

随着国内发展阶段和国际经济形势的变化，特别是我国步入经济新常态以来，"三期叠加"特征开始凸显，经济持续下行的压力加剧。从全国各经济区的情况来看，东北地区所受影响最大，经济增长速度开始大幅回落。自2013年起，辽宁、吉林、黑龙江三省经济增速开始遭遇"断崖式"下滑。2015年，辽宁、吉林、黑龙江GDP增速分别为3%、6.5%和5.7%，连续两年处于全国排名后五位，其中辽宁3%的增速不仅位列末位，而且也是23年来最低值。从表面上看，东北经济增速下行是速度问题，是由有效需求不足引发的，但实则反映的是东北经济增长的动力不足，即有效供给的短缺，如产能过剩、房地产库存积压、公共服务与创新性领域供给匮乏等。因此，经济结构失衡、供需错配才是东北经济困境的深层症结所在。尽管当前东北经济发展中也存在周期性、体制性及总量性问题，但主要矛盾是结构性问题，而矛盾的主要方面在供给侧。这一时期，我国各地区经济增速普遍放缓是我国经济向更高阶段发展的规律使然，是经济结构调整

---

① 根据2008—2012年中华人民共和国辽宁省、吉林省、黑龙江省国民经济和社会发展统计公报数据整理。

主导与周期性经济波动叠加的综合反映。为了应对新常态的挑战，实现到2020年全面建成小康社会的战略目标，从党的十八大以来，中央先后提出了四个全面战略部署、五位一体总体布局、新发展理念以及一揽子体系化的改革方案与政策措施，体现了中央决策层对推进改革的决心。特别是2015年11月，中央财经领导小组第11次会议提出着力加强供给侧结构性改革。随后，在2015年中央经济工作会议上进一步明确推进供给侧结构性改革，是适应和引领经济发展新常态的重大创新，是适应国际金融危机发生后综合国力竞争新形势的主动选择，是适应我国经济发展新常态的必然要求。[①]因此，推进供给侧结构性改革，战略上坚持持久战，加强宏观政策、产业政策、微观政策、改革政策、社会政策五大支柱政策协同，把握好节奏和力度；战术上打好歼灭战，抓住去产能、去库存、去杠杆、降成本、补短板五个关键点，并将2016年确立为推进结构性改革攻坚之年。坚毅的决心、有效的措施和坚定的实践使得我国结构性改革成效初显。根据当时国家发改委发布的数据，截至2016年7月底，煤炭去产能已完成全年任务的38%，钢铁去产能完成全年任务的47%。按照进度安排，全年要压减粗钢产能4500万吨，退出煤炭产能2.5亿吨以上。[②]在2016年二十国集团（G20）杭州峰会上，中国就结构性改革进行的顶层设计和巨大的改革力度得到国际社会认可，不仅为全球经济增长做出贡献，还将为全球破解结构性难题提供"中国方案"。此后，根据不同阶段重点任务的变化，供给侧结构性改革政策内涵不断发展。2017年中央经济工作会议提出，围绕高质量发展深化供给侧结构性改革，重点在"破""立""降"上下功夫，即破除无效供给、培育新动能和降低实体经济成本。2018年中央经济工作会议明确当

[①] 新华网.中央经济工作会议在北京举行习近平李克强作重要讲话[EB/OL].(2015-12-21)[2019-09-30]. http://www.xinhuanet.com/politics/2015-12/21/c_1117533201.htm.

[②] 中国政府网.中国结构性改革为全球发展提供解决方案——迎接G20杭州峰会述评之三[EB/OL].(2015-08-26)[2019-09-30]. http://www.gov.cn/xinwen/2016-08/26/content_5102693.htm.

前和今后一个时期深化供给侧结构性改革的总要求，即"巩固、增强、提升、畅通"的"八字方针"，指的是巩固"三去一降一补"成果，增强微观主体活力，提升产业链水平，畅通国民经济循环。

五、供给侧改革与需求侧管理动态协同（2021年以来）

在供给侧结构性改革实施5年并取得显著成效后，2020年10月党的十九届五中全会强调将扩大内需作为战略基点，并提出注重需求侧管理。此后的中央经济工作会议进一步指出："加快构建以国内大循环为主体、国内国际双循环相互促进的新发展格局，要紧紧扭住供给侧结构性改革这条主线，注重需求侧管理，打通堵点，补齐短板，贯通生产、分配、流通、消费各环节，形成需求牵引供给、供给创造需求的更高水平动态平衡，提升国民经济体系整体效能。"[①]因此，构建新发展格局除了要继续将"供给侧"作为主线贯穿其中，从源头上自立自强、提质增效，还要立足"需求侧"这个战略基点，打通阻碍内需潜力释放的堵点，畅通国内经济大循环，实现供给和需求的结构性动态平衡。本轮的需求侧管理不同于2012年之前的扩大内需战略，不是单纯地强调通过消费、投资、出口"三驾马车"来扩大总需求，不意味着重启大规模需求刺激计划，不意味着基础设施投资又要大干快上。当前我国经济发展"矛盾的主要方面在供给侧"，需求侧管理不仅只考虑需求自身，而且强调与供给侧结构性改革相适应，注重二者之间的均衡。从政策实施的指向看，需求侧管理是为实现需求潜力释放而消除与制度因素有关的堵点，即优化、变革相关制度安排和调控规则实施对社会需求的调节，以达到在管理调控运行机制上形成有效制度供给。需求侧管理创新主要体现在：从调控范围来看，需求侧管理不同于总需求管理同时关注内需和外需，而是更着眼于国内需求的调节，建立扩大内需的有效制度，以建设强大国内市场。从调控对象来看，需求侧管理

---

① 习近平. 中央经济工作会议在北京举行[N]. 人民日报，2020-12-19(01).

不仅针对以企业、居民和国外部门为主的经济主体，还包含市场本身，尤其致力于破除制约要素合理流动的堵点，矫正要素资源失衡错配，以有针对性地解决市场本身存在的问题，畅通国民经济循环。从调控工具来看，需求侧管理不仅依赖货币政策和财政政策，还需要结构性政策予以协调配合，要深化供给侧结构性改革，以改善供需结构失衡矛盾。从具体施政措施来看，主要是深化收入分配制度改革，完善社会保障体系。收入分配制度改革必须注重一二三次分配有机结合。一次分配要实现劳动力收入份额的持续增长，二次分配重视对低收入者的补偿，三次分配确保慈善捐助真正到达亟须帮助的弱势群体手中；在社保体系建设中强化民生兜底保障，提高城乡教育和医疗服务向高质量和均等化发展。另外，需求侧管理要注重与乡村振兴战略相配合，在不断完善农村基础设施和公共服务基础上，充分挖掘农民消费需求，着力提升农村消费水平。可见，这一轮结构性改革的政策取向是优化经济结构、实现高水平的供需平衡，供给侧政策侧重于通过优化要素配置和调节生产结构来提高供给体系的供给质量和效率，关键在于解决供需配错的结构性问题，注重激发经济增长的内在动力。经济结构性改革是一个长期过程，期间必须注重供给侧改革和需求侧管理政策有效协同，才能推动中国经济结构在更高水平上建立新的平衡。

第二节　经济结构性改革取得的进展

进入新发展阶段，我国贯彻新发展理念，聚焦发展不平衡不充分问题，在内需潜力释放、供给效能提升、创新创业、绿色发展方面取得新进展，经济结构性改革成效逐渐显现。

一、内需潜力不断释放

（一）消费需求持续增长

消费是生产的目的，与人们的实际需求紧密联系在一起，是促进经济增长的根本动力。2008年国际金融危机发生以后,特别是党的十八大以来,我们坚持实施扩大内需战略,更多地依靠内需拉动消费需求来推动经济发展。我国拥有14亿人口,人均国内生产总值已经突破1万美元,是全球最大最有潜力的消费市场。"十三五"期间,我国进入消费需求持续增长阶段。2019年,消费对经济增长贡献率57.8%,拉动GDP增长3.5个百分点,连续6年成为经济增长第一拉动力。[1]尽管当前我国面临着需求收缩、供给冲击、预期转弱三重压力,其中消费增长放缓是内需收缩的一个重要方面,但消费潜力依然巨大。消费潜力的释放体现在很多方面,如人民收入水平的提高、市场购买力的增强、内需体系的完善、新的消费增长点呈现等,这些方面都标志着我国经济结构不断改善,人民全方位、多层次需求满足程度得到显著提升。2016年至2019年,我国全年社会消费品零售总额从33.2万亿元增长到41.2万亿元,[2]成为全球第二大消费市场,释放出强劲的消费潜力。另外,伴随着大数据、云计算、人工智能等数字技术与消费市场的深度融合,加上移动支付和智能终端的广泛应用,形成了许多消费新业态、新模式,拓宽了消费渠道,改变了消费模式和习惯,推动了消费升级,促进了消费结构的优化,有力驱动了国内消费需求的释放。尤其是新冠疫情防控过程中,传统线下消费模式受到影响,网络购物等新型消费有效保障了基本民生需要,推动了国内消费恢复。自2013年起,我国已连续八年成为全球最大的网络零售市场。2020年全年,实物商品网上零售额9.8万亿元,逆势增长14.8%,占社会消费品零售总额比重达24.9%,我国已连续8年成为全球第一大网络零售市场。[3]同时,新冠疫情对云诊疗、线上教育、远程办公、休闲文娱等以数字技术为载体的服务行业需求猛增,服务消费快速增长,消费升级趋势明显。一是个

---

[1] 王珂,齐志明.消费成为中国经济增长主引擎("十三五",我们这样走过)[N].人民日报,2020-10-08(01).
[2] 新华网.41.2万亿元:我国成为全球第二大消费市场[EB/OL].(2020-10-19)[2022-06-20]http://www.xinhuanet.com/fortune/2020-10/19/c_1126629485.htm
[3] 王俊岭.中国连续八年成为全球第一大网络零售市场[N].人民日报海外版,2021-01-20(03).

性化消费特征显著，主要体现在国潮、国货品牌引发消费热潮。近年来，服饰、食品、智能家居、美妆等国货品牌紧跟"90后""00后"为主的年轻消费者群体的多元审美需求，在研发、品牌定位、包装、服务等各环节探索提质升级，国货国潮品牌的品质得到全面提升，同时加上电商平台消费模式的助力，使得国货国潮品牌逐渐成为拉动内需的重要力量。例如在服饰品牌方面，继2020年净利润超越阿迪达斯（中国）之后，安踏2021年上半年首次在营业收入上实现超越，并带动了服饰国货品牌的全面增长。2021年上半年，安踏、李宁、特步、361°分别实现营业收入228.12亿元、101.97亿元、41.35亿元、31.07亿元，分别同比增长55%、65%、12.4%、15.7%。另外，安踏、李宁、特步、361°分别实现净利润4亿元、19.62亿元、4.24亿元、4.01亿元，分别同比增长131.6%、187%、70.79%和32.98%。[①]目前，越来越多的新国货品牌正在通过顺应市场潮流和消费数字化转型的需要，探索创新升级路径，在推动产业升级的同时，也提升了消费者对民族品牌的文化认同感，促进了消费需求的进一步释放。二是健康养生消费升级趋势强劲。截至2020年底，我国65岁及以上人口数量已达19059万人，占人口总数的13.5%，人口老龄化持续加剧，发病人口率上升，进一步拉动了老龄人群的医疗保健的消费需求。相较于其他消费人群，老龄人群对医疗保健的需求强度和需求规模都更大。另外，伴随着国内居民人均可支配收入稳定上升，人们的健康养生意识也在不断增强，尤其新冠疫情突发使人民群众的健康观念发生根本性转变，健康消费的年轻化、快消化、智能化趋势不断增强。据智研咨询报告数据显示，当前我国健康养生市场规模已经超过万亿元，城市居民年均每人用于健康养生的花费超过1000元，而18—35岁的年轻人群占比高达83.7%。

（二）有效投资稳步扩大

作为拉动经济增长的三驾马车之一，投资在政府的宏观经济政策中具有明确定位。2020年中央经济工作会议强调："要增强投资增长后劲，继续发挥关键作用。要发挥中央预算内投资在外溢性强、社会效益高领域的引导和

---

① 国货前进：国潮产业带动产业升级［N］.中国经营报，2022-01-03（54）.

撬动作用。"投资本身是内需的组成部分，与消费相互弥补、共同作用。有效投资对有效供给、提升消费起到促进作用。近年来，我国在电商零售、移动支付、在线教育、文化娱乐等数字经济领域的发展潜力日益凸显，服务于十多亿人口的超大规模国内市场的数字产业规模也在不断扩张，而且通过数字经济催生的各类新业态、新模式能够促进消费提质扩容，数字经济成为推动消费增长的重要动力之一，是满足人民日益增长的美好生活需要的重要内容。我国数字经济的蓬勃发展不仅得益于互联网龙头企业的研发投入和商业运营，更基础的支撑来自新型举国体制下国家在计算机技术、基础科学等领域的长期研发投入和互联网"新基建"上的大规模有效投资。根据工信部和国家互联网信息办公室数据显示，我国拥有近600万个通信基站和数千万公里的光纤通信线路，全国行政村光纤和4G覆盖率均超98%，城市实现全覆盖，在全球大型经济体中互联网基础设备完备率排名第一。根据《中国互联网发展报告2021》蓝皮书介绍，截至2021年6月，中国5G基站总数达到96.1万个，实现所有地级以上城市全覆盖。中国5G网络建设速度和规模居全球第一位。另外，政府的有效投资还为贫困治理、教育就业、医疗卫生、健康养老、基础设施等民生急需领域和助力恢复经济活力的公共服务领域提供兜底保障，有助于打通居民消费的瘀点堵点。如中央财政拨付地方农业保险保费补贴资金从2016年的135.67亿元增长到2020年的236.07亿元，全国农作物农业大灾保险试点范围扩展至500个种粮大县。为支持贫困地区公路基础设施建设，2016年至2020年中央财政共安排9538.75亿元补助资金，其中用于"三区三州"等深度贫困地区2745.62亿元。2016年至2019年，全国一般公共预算中教育支出从28056亿元增加到34913亿元。中央财政共安排700亿元支持乡村教师队伍建设，安排1292.68亿元用于现代职业教育质量提升计划。①与此同时，各级财政大力支持公共就业创业服务信息化建设以及边远贫困地区、边疆民族地区和革命老区人才培养，把学有所教、学有所用落到实处。"十三五"以来，以

---

① 曲哲涵，王观槊. 提高居民生活质量，提升民生治理效能 民生领域财政投入持续增长[N]. 人民日报，2020-11-17（01）.

财政资金为主的政府投资注重补短扶弱，我国居民基本养老和医疗保障网继续织密织牢。租购并举住房制度不断完善，老旧小区改造、公租房保障和城市棚户区改造全面推进，人民群众物质和精神文化需求得到更好满足。

（三）国内外供求对接通道逐步形成

当今世界面临百年未有之大变局，全球化遭遇逆流，新冠疫情给全球经济带来巨大冲击，对国际供应链和国际贸易问题产生深远影响。以美国为代表的西方国家采取单边主义、保护主义政策，将一部分中国高新技术企业列入实体清单进行打压，对中国产品征收高额关税。面对这些不利因素，党的十八大以来党中央领导集体审时度势、未雨绸缪，着力推动形成陆海内外联通、东西双向互动的全面开放新格局，使得以"一带一路"为轴心的国际供求对接通道逐渐畅通，对于提升国家经济安全的可控性具有重大意义。"丝绸之路经济带"和"21世纪海上丝绸之路"的提出，是我国对外发展和区域经济发展转向亚欧大陆和印度洋周边地区的重大战略调整。其中，以联通亚欧大陆的陆路通道"丝绸之路经济带"的供需对接成效最为显著。作为一个新的经济发展区域，"丝绸之路经济带"地域辽阔，涵盖我国西北五省区和西南四省区市，连接亚太经济圈和欧洲经济圈，蕴藏丰富的自然、矿产、能源资源，是当今世界上最具发展潜力的经济大走廊。近年来，我国与丝绸之路经济带沿线国家在能源供求对接上实现了互利共赢。中亚五国依托其储量丰富的石油、天然气和金属矿产资源，形成了以石油开采、矿产开采、有色金属冶炼为主的重化工业，也是促进其经济发展的主要动力。其中，对接中国石油需求的主要是哈萨克斯坦。2016年，哈萨克斯坦石油探明数量为39亿吨，产量为7930万吨，而其消费量仅为产量的1/6，出口潜力巨大。作为中国投资建设的第一条战略级跨国原油进口管道，中哈原油管道自2006年投入运营以来，原油输送量保持稳定，截至2022年4月，累计向我国输送原油达1.56亿吨，被誉为"丝绸之路第一管道"。[①]与此同时，中哈两国还在原油深加

---

① 阿拉山口市人民政府网.口岸强州 踔厉奋发 中哈原油管道累计向中国输油突破1.5亿吨[EB/OL]．（2022-04-08）[2022-06-20]．http://www.alsk.gov.cn/info/1012/46776.htm.

工、炼化厂建设、石油装备制造等领域展开多方面合作，既最大化发挥了我国在石化工业上的技术和人才优势，优化了哈萨克斯坦石油资源对我国的供给，又满足了哈萨克斯坦石油行业配套产业基础设施建设的需要，有效提高了国内外供求的适配度。另外，对接中国天然气需求的主要是土库曼斯坦，2016年其探明储量17.5万亿立方米，是中国的3倍。2009年12月由我国投资建设的中国-中亚天然气管道正式投产，该天然气管道起于土库曼斯坦和乌兹别克斯坦，经哈萨克斯坦南部从霍尔果斯进入中国，全长约10000公里，是我国第一条从陆路引进的天然气跨国能源通道，也是世界上最长的天然气管道。自投产以来，每年从中亚输送到国内的天然气约占全国同期消费总量的15%以上，截止到2020年2月末已向我国累计输送天然气超3000亿立方米。①中哈原油管道和中国-中亚天然气管道的建设投产，既保障了供应国、过境国、消费国的安全和发展，也逐渐成为欧亚大陆的"资源血脉"。除此之外，"21世纪海上丝绸之路"和东北亚经济圈都根据不同的区位优势和明确的产业分工策略，以更完整的产业链辐射到周边国家和地区，打造更精密的全球价值网络，以实现国内国际供给和需求的精准对接，实现互利共赢。

二、供给效能显著提升

改革开放40多年来，中国以吸引外资为基础，发展劳动密集型产业，以"两头在外"的发展模式融入世界市场，同时使中国经济发展的产业、要素和市场全面对接全球产业链、价值链，显著提升了中国产业发展水平，逐步发展为"世界工厂"，形成了超大规模的制造业生产能力和生产网络，形成了制造业门类全、韧性强和产业链完整配套的供给优势。这一优势在新冠疫情暴发期间得以充分彰显。疫情初期，武汉市医疗防护物资极度短缺，为尽快解决医疗资源短缺和病患急剧增多的突出矛盾，中国充分发挥制造业产业

---

① 中华人民共和国商务部网站.中亚天然气管道已累计向我国输气超3000亿立方米[EB/OL].(2020-03-02)[2022-06-20]. http://www.mofcom.gov.cn/article/i/jyjl/e/202003/20200302940812.shtml.

链稳定、完整配套的供给优势，克服春节假期停工减产等不利因素，开足马力，深挖潜力，全力保障上下游原料供应和物流运输，保证疫情防控物资的大规模生产与配送。医疗企业克服工人返岗不足等困难，以最快速度恢复医疗用品生产，最大限度扩大产能。其他行业企业迅速调整转产，生产口罩、防护服、消毒液、测温仪等防疫物资，有效扩大了疫情防控物资的生产供应。除此之外，我国供给效能的显著提升还体现在"三去一降一补"稳步推进、战略物资的保障水平不断提高、产业结构调整等方面。

（一）"三去一降一补"稳步推进

"三去一降一补"是供给侧结构性改革要完成的五大任务。供给侧改革的主要对象是过剩的产能、库存积压的房地产、金融高杠杆率及企业成本负担，为解决好这些问题，就要推行"三去一降一补"政策，即去产能、去库存、去杠杆、降成本、补短板。随着近年来供给侧结构性改革的深入推进，去产能、去库存、去杠杆取得重大进展，降成本、补短板成效明显，同时仍然存在一些亟待解决的难题。

第一，去产能方面，产能过剩是经济发展中的一个普遍性、周期性、结构性问题。西方发达国家历史上也曾出现过产能严重过剩的问题。作为全球主要煤炭、钢铁生产国，我国在经济结构转变过程中积极应对并采取切实措施去产能，取得了实质性进展。煤炭行业去产能方面，截至2020年底，全国累计推出煤矿5500处左右，退出落后煤炭产能超10亿吨/年，安置职工100万人左右，超额完成《国务院关于煤炭行业化解过剩产能实现脱困发展的意见》提出的目标任务。在着力去产能的同时，我国煤炭行业在提升供给体系质量、推动企业技术创新、提升清洁生产水平等方面也取得一定突破。"十三五"时期，大型煤炭企业采煤机械化率提高到98.86%，主要煤机装备和大型粉煤气化技术实现国产化，大型矿井建设、特厚煤层综放开采等技术达到国际领先水平。截至2020年底，全国燃煤电厂完成超低排放和节能改造9.5亿千瓦时，占全国燃煤电厂总装机的76%。散煤综合治理和煤炭减量替代成效显著，"十三五"期间散煤用量消减超过2亿吨。①钢铁行业去产能方面，2016年全面启动钢铁去产能工作以来，压减过剩产能取得显著效果，提前两年完成"十三五"时期钢铁行业去产能1.5亿吨目标，彻底出清"地条钢"产能超过1.4亿吨，累计退出"僵尸企业"粗钢产能6474万吨。作为我国制造业碳排放的重点行业之一，钢铁行业在推动化解过剩产能的同时，不断推进超低排放升级改造，采用先进的节能环保清洁生产技术装备，持续提升节能环保水平，为实现碳达峰、碳中和目标做出了积极贡献。"十三五"期间，钢铁行业累计减排烟粉尘颗粒物85万吨、二氧化硫194万吨、各类废水5亿立方米，节约新水22亿立方米。另外，去产能并非只是简单的"去"，而是一场需要长期坚持的"攻坚战"。对于被列入各地去产能目标中的一些长期停产或闲置的无效产能来说，将其"去掉"十分容易，但只能在短期内产生效果，但更关键的是去产能所带来的职工再就业问题该如何妥善解决。从2016年开始，国家已下拨用于去产能后职工分流安置专项资金1000亿元。同时，各地方政府也根据各地各类型企业的特点，相继出台了分流职工安置的相关维稳政策。截至2020年11月底，剥离国有企业办社会职能和解决历史遗留问题实现历史性突破。中央企业职工家属区"三供一业"、市政社区管理等职能分离移交、教育医疗机构深化改革等任务基本完成，航天科技、航天科工等21家央企完成率均达到100%。退休人员社会化管理完成92.1%，中国航发、中国石油等13家中央企业完成率达到100%。厂办大集体改革完成98.1%，累计安置在职职工171.2万人。可以想象，在继续深化结构性改革的进程中，去产能任务仍会比较艰巨，改革"阵痛"也将会异常明显。特别是在努力实现"双碳"目标的大背景下，节能降碳成为产能过剩行业可持续发展的题中之义。因此，"十四五"时期煤炭、钢铁等传统行业深化供给侧结构性改革也将进入新阶段，随之也带来了转型升级的新机遇。

第二，降成本进展。从税费构成来看，我国企业承担了90%以上的各种税费，因此降成本的主要工作集中在减轻企业制度性交易成本、税费负

---

① 邹洁."十三五"煤炭工业去产能10亿吨/年以上[N].中国工业报，2021-03-23（02）.

担、财务成本、物流成本、电力价格、社会保险费等一系列税费负担。"十三五"期间，国家税务总局对降低实体经济企业成本做出全面部署，接连出台一系列税费优惠政策，减税降费持续加力升级，为企业发展减负，使企业的获得感不断增强。根据国家税务总局统计数据显示，2016年至2020年新增的减税降费累计达到7.6万亿元左右，尤其2019年实施更大规模减税降费，全年新增减税降费达到2.36万亿元，占GDP的比重超过2%，拉动全年GDP增长约0.8个百分点。在为企业发展减负的基础上，国家多次优化调整"研发费用加计扣除"等鼓励创新的政策，促进企业新旧动能加快转变。"十三五"前4年，享受研发费用加计扣除政策的企业累计达84.3万户次，累计申报研发投入5.2万亿元，共计减免企业所得税8730余亿元。[1]另外，当前我国企业负担重，绝非是单一的税负问题，而是综合负担的问题，社保基金、贷款利息等成本费用占企业成本的比例也在上升，企业方面需要提高自身盈利能力，来抵消成本的不断攀升。国有企业通过压减法人层级来提升发展效益。截至目前，所有中央企业的管理层级控制在5级以内（含5级），法人总数累计减少超过1.7万户，减少比例超过30%，有效防范企业管控风险，提高了管理效率。例如通过压减管理层级，70家企业管理层级明显缩短，最长管理层级压缩至5级，75家企业管理层级低于4级，约占全部中央企业的80%。压减工作开展以来，中央企业累计减少人工成本350亿元，减少管理费用298亿元，全员劳动生产率由44.6万元增加到59.3万元，提升比例超过30%。[2]

第三，补短板进展。补短板涉及的改革存在于各地区各行各业各领域的各个方面。以东北地区为例，营商软环境不优是东北地区被许多企业抱怨的发展短板。2016年以来，东北各省在优化发展软环境上下功夫、做文章，力争缩小差距，实施了一系列切实举措。吉林省利用政务"一张网"推进"放管服"改革，只需在网上提交申请材料，后台审批从省到县全部内部

---

[1] 顾阳.钢铁去产能为何重返风口浪尖[N].经济日报，2021-04-09（05）.
[2] 王观."十三五"期间新增减税降费累计将达7.6万亿元左右——为企业减负 为创新加油[N].人民日报，2020-12-08（7）.

走程序，不必多头跑腿。另外，吉林根据企业反馈迅速出台多个清费减负公告，已实现省级涉企行政事业性收费"零征收"；黑龙江省着力推进简政放权，针对政府部门慢作为、不作为开展严格督查，同时针对"关键岗位关键人"，联合举办强化教育班，公开承诺、签字背书，以提高政务服务意识和效率。作为首设"营商环境建设监督局"的省份，辽宁省率先出台优化营商环境的地方性法规《辽宁省优化营商环境条例》，为切实解决营商环境问题提供了充分的法律依据。另外，根据国家发改委发布的2020年中国营商环境评价显示，吉林省参评城市多项指标获得满分，长春获评营商环境提升最快的10个城市之一，政府采购和保护中小投资者权益指标进入全国参评城市前20位。[①]营商环境的改善使得东北三省投资呈现回升态势。2020年，吉林省、黑龙江省、辽宁省固定资产投资分别增长8.3%、3.6%、2.6%。[②]

（二）战略物资实现安全可持续性供给

在百年未有之大变局下，实现粮食、能源等基础性和战略性物资的稳定可持续性供给具有重大的现实意义。粮食安全是事关国运民生、治国理政的头等大事，是国家安全战略的重要组成部分。我国粮食安全的总体形势持续向好，截至2020年，我国粮食生产实现"十七连丰"，国内粮食供求形势明显改善。全国粮食总产量连续6年稳定在1.3万亿公斤以上，[③]口粮完全自给，牢牢掌握了国家粮食安全的主动权，取得了引以为傲的成绩。为了守住粮仓、解决好人民吃饭的问题，我国采取多种措施提高粮食生产能力和粮食储备能力，以确保粮食安全，如严守12000万公顷耕地保护红线，全面落实永久基本农田特殊保护制度，划定永久基本农田10300多万公顷；推进耕地数量、质量、生态"三位一体"保护，建设集中连片、旱涝保收、稳产高产、生态友好的高标准农田；优化区域布局和要素组合，建立粮食生产功能区和重要农产品生产保护区；完善粮食生产经营方式，着力培育新型农业

---

① 李婕.央企供给侧改革见实效[N].人民日报海外版，2021-01-04(03).
② 数据来源：2020年辽宁省、吉林省、黑龙江省国民经济和社会发展统计公报。
③ 顾仲阳，郁静娴，方圆.我们把饭碗牢牢端在自己手中[N].人民日报，2021-07-09(01).

经营主体和社会化服务组织，促进适度规模经营，提高农民抵御自然风险和市场风险的能力，保护农民种粮积极性。与此同时，加强国家粮食储备体系建设，提升了粮食储备效能。中国立足中国国情和粮情，逐渐走出了一条中国特色粮食安全之路。能源安全事关国家安全、发展安全，是关系国家经济社会发展的全局性、战略性问题。"十三五"期间，我国深化能源领域供给侧结构性改革，优化发展非化石能源，供求结构不断优化；水电、风电、光伏、在建核电装机规模等多项指标保持世界第一，清洁能源发电装机规模超过煤电装机容量，占总装机比重接近50%，建立起了多元清洁的能源供应体系。[1]同时，我国能源结构加快向清洁低碳转型。以年均低于3%的能源消费增速支撑了我国中高速的经济增长，显著提高了能源利用效率；2020年煤炭占能源消费总量的比重降低至56.8%，能源消费结构向清洁低碳加快转变。[2]此外，我国把坚持以人民为中心作为能源发展的根本出发点，持续在脱贫攻坚和乡村振兴中发挥能源供给的基础保障作用。"十三五"期间，完成新一轮农网改造升级，全国农村大电网覆盖范围内全部通动力电，农村电气化率达到18%；建成2636万千瓦光伏扶贫电站，惠及6万个贫困村、415万贫困户。[3]"十四五"规划和2035年远景规划目标纲要首次将"能源综合生产能力"纳入安全保障类指标。可见，未来我们必须在要牢牢守住能源安全底线的前提下，推进碳达峰和碳中和进程，保持能源供求动态平衡，完善清洁低碳、安全高效的能源体系。

（三）产业结构调整成效显著

产业结构是指各产业部门和各部门内各行业之间的比例关系，既包括

---

[1] 丁怡婷,寇江泽.我国建成世界最大清洁发电体系[N].人民日报,2021-09-05(01).
[2] 光明网.专家：助力高质量发展 我国能源行业持续向清洁低碳迈进[EB/OL].(2021-06-28)[2022-06-20]. https://m.gmw.cn/baijia/2021/06/28/1302381167.html.
[3] 央视网."十三五"时期我国清洁低碳转型加速 清洁取暖率提升到60%以上[EB/OL].(2020-12-23)[2022-06-20]. http://news.cctv.com/2020/12/23/ARTIg0cElTPbUh6gXzGcqNfF201223.shtml?spm=C94212.P4YnMod9m2uD.ENPMkWvfnaiV.5.

数量比例关系，也包括国民经济各产业在社会再生产过程中相互联系和相互制约的关系，即产业结构是各产业部门之间具有的质的内在联系和量的比例关系。[①]产业结构关系到资源能否合理配置和有效利用，关系到经济发展的速度和质量。当前，我国经济结构性改革向纵深推进亟待加快产业结构调整优化的步伐。新中国成立70多年来，我国经济发展从更多依靠单一产业到三次产业协同带动转变，产业结构不断调整优化。2021年第一、二、三产业增加值占GDP比重分别为7.3%、39.4%、53.3%。[②]结合2015至2021年三次产业增加值占GDP比重变化趋势（见图2.1）来看，第一产业比重逐渐缩小，第二产业占比平稳波动，第三产业比重逐年上升。

年份	第三产业增加值占比	第二产业增加值占比	第一产业增加值占比
2015年	50.8%	40.8%	8.4%
2016年	52.4%	39.6%	8.1%
2017年	52.7%	39.9%	7.5%
2018年	53.3%	39.7%	7.0%
2019年	54.3%	38.6%	7.1%
2020年	54.5%	37.8%	7.7%
2021年	53.3%	39.4%	7.3%

图2.1　2015—2021年我国三次产业增加值占GDP比重

数据来源：根据2015—2021年中华人民共和国国民经济和社会发展统计公报数据整理而得。

近年来，我国着力优化服务业营商环境，高度重视服务业改革综合改革试点，服务业规模不断壮大，发展环境逐渐得到改善，现代服务业发展活力不断释放，有力促进了服务业转型和消费升级。2020年，我国现代服务业保持快速增长，信息传输、软件和信息技术服务业、金融业、房地产

[①] 姜国强.制度创新与转型经济发展方式——以东北地区为例[M].北京：经济科学出版社，2013：158.

[②] 数据来源：中华人民共和国2021年国民经济和社会发展统计公报。

业增加值比上年分别增长16.9%、7.0%和2.9%，拉动服务业增加值增长2.7个百分点，有力支撑了疫情后国民经济的恢复。[①]与此同时，伴随着线上购物、直播带货、外卖等新兴消费模式的强势发展，我国服务业转型升级呈稳步发展态势。根据国家统计局数据显示，2020年我国实物商品网上零售额比上年增长14.8%，高于社会消费品零售总额18.7个百分点，占社会消费品零售总额的24.9%。另外，受新冠疫情影响，2020年以来全国线上办公、在线教育、远程问诊等新消费需求持续旺盛。

从区域角度来看，一是长三角地区。改革开放以来，长三角地区发挥区位优势，以发展出口导向型产业为重点，有力地推动了区域经济与社会发展，促进了长三角城市群的崛起。长三角地区的产业结构优化升级在全国经济结构转型升级中一直发挥引领带动作用。近年来，长三角地区产业结构实现了从以制造业为主向以服务业和制造业并重发展的转变，生产性服务业快速发展，产业协同创新能力不断增强，产业结构调整呈现高技术化、高附加值化的新趋势。根据南京大学长江产业经济研究院发布的《长三角产业创新发展报告：分布与协同》研究报告显示，2020年长三角地区高新技术企业已增至7万多家，是2013年的20倍，年均增长率超过50%，占全国高新技术企业总数的27%。从产业细分来看，长三角地区高新技术制造业门类齐全，覆盖国民经济分类中31个小类，其中通用设备制造业、电气机械和器材制造业、专用设备制造业、汽车制造业和金属制品业企业数量占比较高。高新技术的生产性服务业主要分布在科学研究和技术服务业以及信息传输、计算机服务和软件业。二是东北地区。长期以来，东北地区形成了以能源、重工业为主的产业结构，服务业发展迟滞，高端制造业占市场份额较低，工业结构调整滞后于产业结构优化发展趋势，东北产业结构处于失衡状态。进入经济新常态阶段以来，东北经济下行压力增大，东北将推动产业结构的优化升级作为供给侧结构性改革的关键抓手，通过在供给侧发力来着力化解工业部门的过剩产能，将发展着力点转向新

---

① 数据来源：国家统计局网站。

兴领域，以创造新的经济增长点。近年来，东北地区产业结构优化升级趋势明显，工业主导地位不断弱化，服务业对经济贡献程度不断提升，农业基础地位得到持续强化。东北地区农业在我国农业发展中具有举足轻重的地位。东北三省拥有辽阔富饶的土地资源，是世界三大黑土地之一，区域内松嫩平原、三江平原、辽河平原发展农业产业具有得天独厚的优势和条件。东北三省耕地面积3.52亿亩，占到全国耕地面积总量的20.2%，粮食年产量超过2700亿斤，占到全国年粮食总产量的21%，是我国重要的粮食生产基地。[①]近年来，东北地区农业产业结构升级加快，紧紧围绕保障粮食总量安全和与市场需求相匹配，延伸农业产业链条，推进农村三产融合发展，促进形成农业产业发展的新业态、新模式、新动能，努力向综合性、复合型的农业现代化产业发展。

三、创新创业动力不断增强

党的十八大以来，创新驱动发展战略、创新发展理念政策术语在国家战略规划、政策文件及党中央领导人讲话中高频出现，体现了创新在国民经济发展中的重大战略核心地位。步入经济新常态以来，全社会创新创业的意识和氛围空前高涨，加上国家及各地方政府相继出台的推进创新创业的政策支持，创新创业必将对我国经济发展新优势塑造及人民就业致富发挥重要促进作用。

（一）研发经费投入稳步增加

科技研发经费投入水平，是一个国家科技创新实力和竞争力的重要体现。我国研发经费投入持续创造新高，成为我国创新活力更加澎湃、科技创新能力持续增强的有力保障。"十三五"期间，我国全社会研发经费支出从1.42万亿元增长到2.21万亿元，研发经费投入总数稳居世界第二，投入

---

① 新浪财经.李春生：东北农业产业结构升级应注重做好种植业结构调整[EB/OL].（2020-09-07）[2022-06-20]. https://baijiahao.baidu.com/s?id=1677087167795980740&wfr=spider&for=pc.

规模稳步增长。研发经费投入强度（占GDP比重）更是屡创新高，从2.06%增长到2.23%，已接近欧盟15国平均水平，结构持续优化，其中，基础研究经费增长近一倍。[①]另外，根据世界知识产权组织发布的全球创新指数，"十三五"期间，我国排名已从2015年的第29位跃升至2020年的第14位。

第一，研发投入不断加大，系统推进基础研究和关键核心技术攻关。作为科技创新的"总开关"，基础研究所带来的原始创新能够为技术创新、应用创新带来长久的传导性。2021年我国研发经费投入中，基础研究经费为1696亿元，比上年增长15.6%，占研发经费比重达到6.09%。[②] "十三五"期间国家支持建设了20个国家科学数据中心，31个国家生物种质和实验材料资源库，98个国家野外科学观测研究站，推动科研设施和仪器开放共享。科技研发经费投入的增加必然带来科技创新能力的提升和科技成果的不断涌现。一方面，一大批彰显国家战略科技力量的世界级科技成果和关键核心技术攻克。如嫦娥四号首登月背，北斗导航全球组网完成，C919首飞成功，悟空、墨子等系列科学实验卫星发射，以及在量子信息、干细胞、合成生物等领域的重大原创成果；另一方面，科技创新成果与经济社会发展深度融合，引领产业技术升级，如在新能源汽车、移动通信、第三代半导体、新型显示等领域取得了许多新的进展。在新能源汽车方面，通过在电池、电机和电控方面的重点研发布局，促进形成了较为完善的新能源汽车产业链，使我国在新能源汽车产销量上连续五年居世界第一。截至"十三五"期末，我国形成了完善的新能源汽车产业链，新能源汽车总保有量超过400万辆，占全球50%以上，新能源汽车产销量连续五年居世界第一。在移动通信方面，实现了5G技术的全球领跑，5G核心专利数量排名世界第一，逐步掌握通信技术话语权，并率先实现5G商用建

---

① 佘惠敏.过去5年，全社会研发经费支出从1.42万亿元增长到2.21万亿元——我国科技创新实现量质齐升[N].经济日报，2020-10-22（06）.
② 熊丽.2021年我国研发投入强度创新高科创能力稳居中等收入经济体首位[N].经济日报，2022-01-27（03）.

设，目前我国5G基站数已经超过60万个，用户数已经突破1.1亿。①

第二，企业研发经费贡献率高，主体地位稳步提升。近年来，企业的研发经费投入强度得到稳步提升。根据国家统计局、科学技术部和财政部联合发布的《2020年全国科技经费投入统计公报》显示，2020年企业研发经费达到18673.8亿元，比上年增长10.4%；占全国研发经费的比重达76.6%，比上年提高0.2个百分点；对全国研发经费增长的贡献达77.9%，比上年提高9.4个百分点，特别是重点领域研发经费投入强度稳步提高。其中，中央企业研发经费投入强度为2.55%，同比提高0.3个百分点，其中中央工业企业研发经费投入强度达到3%，为关键技术攻关和产业基础能力提升创造条件，在北斗产业、民机铝材、新能源汽车、数字化发展等领域先后设立了多个产业协同创新平台，并发挥龙头企业支撑引领作用，承建国家"双创"示范基地13个，建设各类创新平台400多个，带动中小企业融通发展。另外，发挥关键发动作用的中国500强企业研发费用占2020年全国企业研发经费的比例达63.55%，同比增长17%；研发强度达到历史最高水平，达1.61%。其中，华为公司以1316.59亿元的研发经费投入稳居榜首。②近年来，尽管美国的制裁使华为的手机业务和通讯业务不同程度受到影响，但华为坚持持续的研发投入，加快了其上下游产业链进行自主研发的步伐，带动了其5G、云服务、芯片、智能汽车等业务快速发展。高强度的研发也带来了庞大的专利储备。目前，华为掌握90000万件发明技术专利，发明专利数量排名全国第一。

（二）创新创业人才活力得到进一步激发

人才是创新的根基，创新驱动归根结底是人才驱动。要塑造我国经济发展新优势，实现经济增长动能转变，人才支撑是关键所在。党的十八大

---

① 袁于飞. "十三五"期间我国一批关键核心技术取得突破[N].光明日报，2020-10-22（01）.
② 中国经济网.2020中国TMT企业研发投入排名：华为第一 京东进入前五强[EB/OL]. （2020-09-29）[2022-06-20]. http://bgimg.ce.cn/cysc/tech/gd2012/202009/29/t20200929_35843707.shtml

以来，习近平总书记多次就人才工作作出重要指示，中共中央印发《关于深化人才发展体制机制改革的意见》，都为进一步做好人才工作、最大限度激发人才创新创业活力提供了根本遵循。科学的人才评价机制是调动人才创新创业积极性的关键。面对我国人才评价机制长期存在的分类评价不健全、评价方式单一化、评价标准"一刀切"、评价渠道不畅通等问题，2018年中共中央办公厅、国务院办公厅联合印发《关于分类推进人才评价机制改革的指导意见》，并要求各地区根据实际情况贯彻落实，以不断创新人才评价机制，发挥人才评价指挥棒作用。近年来，国家各级人社部门人才评价机制改革不断完善，进一步激发人才创新创业活力。一是逐步实现评价标准多元化、评价方式差别化。2020年，人社部联合多部门根据船舶技术、档案、统计等专业特点，进一步完善各类专业技术人员职称评价标准，累计出台20个专业系列职称评价改革意见。另外，近年来，我国民营企业专业技术人才规模不断增长，非公有制领域专业技术人才已达3800多万人，占全国专业技术人才总量的一半以上。[①]完善民营企业人才评价工作对推动民营企业健康发展、激发民营企业创新创造活力、扩大就业等具有重要意义。为此，人社部特印发《关于进一步加强民营企业职称工作的通知》来指导各地区畅通非公有制领域专业技术人才评价渠道、健全民营企业职称评审机构，以逐步完善注重市场认可、突出能力业绩为导向的职称评审标准。二是技能人才评价机制改革取得新突破。一方面，人社部明确水平评价类技能人员职业资格退出国家职业资格目录相关工作和时间表，同时支持各级各类企业自主开展技能人才评价工作，发放职业技能等级证书。其中，上海将技能人才评价制度改革作为主要改革目标，确立了用人单位自主评价、政府部门指导监管的技能人才评价模式。另一方面，完善新职业信息发布制度和职业分类动态调整机制。人社部会同市场监管总局、国家统计局发布3批38个新职业，其中呼吸治疗师、网约配送员、装

---

① 韩秉志.打破户籍、身份、档案、所有制等制约——拓宽民企评职称渠道[N].经济日报，2020-03-06(09).

配式建筑施工员等从业人员在新冠肺炎疫情防控中发挥职业特长,为疫情防控作出了积极贡献。[①]同时,各地也纷纷出台相关政策规定要求,全面破除体制机制突出问题,将人才评价机制改革不断向纵深推进。广东出台职称评审管理服务实施办法及配套规定,明确评审主体,畅通申报渠道,保障职称评审的公平公正。京津冀地区积极探索建立人才职称互认机制,推动人才跨区域流动更便利。安徽突出重品德、能力和业绩导向,积极创新人才评价机制,采取不受学历、资历和论文数量限制,免于职称外语和计算机应用能力考试等"八免"措施,解决优秀人才职称问题。

数字经济对经济社会发展的创新引领作用不断增强。加快发展数字经济,建设数字中国,培育经济发展新动能,是我国进入新发展阶段、构建新发展格局的内在要求。当前,我国数字经济总规模已稳居全球第二,年均增速达到15%,数据量约占全球的20%,电子商务的规模位居全球第一位,实物商品网上零售额占社会消费品零售总额的比重达到近25%。[②]近年来,我国数字经济对经济社会的创新引领作用不断增强,数据要素价值不断释放,数字化转型进程持续加快。一是数字经济和实体经济的融合在不断深入,实体经济新动能稳步提升。深入推进制造业、服务业、农业等产业数字化转型,加快建设国家数字经济创新发展试验区,推动企业"上云用数赋智"。目前,规模以上工业企业关键工序数控化率、数字化研发设计工具普及率分别达55.3%、74.7%,具备行业、区域影响力的工业互联网平台超过150家。[③]二是产业数字化转型成效亦非常明显。特别是新冠肺炎疫情暴发以来,数字支撑新产品、新服务和新应用,为经济复苏和发展提供了新的动能,展示了广阔的增长空间和潜力。据有关机构测算,数字化可使制造业企业成本降低17.6%、营收增加22.6%;使物流服务业成本降

---

① 张璇.锻造高质量发展的人才引擎[N].中国组织人事报,2021-01-18(03).
② 中国新闻网.中国数字经济发展成效显著 总规模稳居全球第二[EB/OL].(2021-04-26)[2022-06-20]. https://www.chinanews.com.cn/cj/2021/04-26/9464390.shtml.
③ 光明网.数字化研发工具普及率达74.7% 我国制造业数字化转型加快发展[EB/OL].(2022-02-28)[2022-06-20]. https://m.gmw.cn/baijia/2022-02/28/35551093.htm.

低34.2%、营收增加33.6%；使零售业成本降低7.8%、营收增加33.3%。[①] 三是信息基础设施建设加快。大力推进新一代信息基础设施，建成全球最大的光纤网络，移动宽带用户普及率达到108%，建成开通5G基站139.6万个，占全球5G基站总数超70%，5G终端用户达4.97亿。[②]另外，2021年12月12日，国务院印发数字经济首部国家级规划《"十四五"数字经济发展规划》，对"十四五"时期如何更好发挥数据要素价值、大力推进产业数字化转型等进行了精准的顶层设计。

四、绿色发展向纵深推进

绿色是经济社会永续发展的必要条件，是形成人与自然和谐发展现代化新格局的必然要求。改革开放后，我国经济社会建设取得多方面历史性成就，但同时也面临着前所未有的资源环境问题和挑战。2018年我国以占全球16%左右的GDP，消耗全球将近一半的钢铁和水泥、将近四分之一的能源，温室气体排放占比也较高。自1992年参加联合国环境与发展大会以来，我国一直在探索适合自身国情的绿色低碳道路。我国自"九五计划"就把可持续发展确立为国家战略。进入21世纪，党和国家相继提出一系列发展理念，如"新型工业化""循环经济""两型社会""低碳发展"等。2012年，党的十八大报告把"绿色发展、循环发展、低碳发展"作为生态文明建设的重要途径。2017年，党的十九大报告正式提出建立健全绿色低碳循环发展的经济体系，这是我国进入新时代社会主义建设的战略选择。多年来，我国持续加强生态环境保护，在绿色低碳目标和需求引领下，在深入打好污染防治攻坚战、生物多样性保护、碳达峰碳中和

---

① 卢泽华.会转型、能转型，更要敢转型 数字化助中小企业渡难关[N].人民日报海外版，2020-05-29（08）.

② 人民网.发改委：我国数字经济发展成效显著将从5方面深化产业数字化转型[EB/OL].（2022-01-11）[2022-06-20].http://finance.people.com.cn/GB/n1/2022/0111/c1004-32328903.html.

"1+N"政策体系构建方面取得新进展,经济发展与资源环境的结构性矛盾进一步缓解。

(一)环境污染治理成效显著

为解决人民群众反映强烈的大气、水、土壤污染等突出问题,全面加强环境污染防治,党的十九大提出我国全面建成小康社会决胜时期要打好污染防治攻坚战。几年来,全国上下聚焦打赢蓝天碧水保卫战、水源地保护攻坚战等标志性战役,并强化配套法律法规建设,环境质量得到进一步改善。根据《生态治理蓝皮书:中国生态治理发展报告(2019—2020)》分析指出,从国家层面生态治理情况及变化总体上看,我国空气环境和水环境治理效果显著。2019年,全国337个地级及以上城市平均优良天数比例为82%,京津冀及周边地区PM2.5浓度同比下降1.7%;全国地级及以上城市2899个黑臭水体消除了2513个,完成了长江流域2.4万公里岸线入河排污口排查,长江经济带95%的省级及以上工业园区建成污水处理设施,环渤海3600公里岸线及沿岸2公里区域的入海排污口也进行了排查和治理。土壤环境治理方面,整治了近2000家企业,切断重金属污染物进入农田的途径,让化肥用量减下来,用生物有机肥替代部分化肥。推进重点城市生活垃圾分类处理,全民捍卫净土;其次是污染处理和居民生活改善,这两个的年度平均值分别是0.79和0.52;这表明,我国在实施生态治理过程中,特别是环境污染治理成效显著。另外,环境污染治理制度建设进一步加强,如完善了固体废物污染环境防治法修订草案、长江保护法草案等一系列法律法规和标准体系,围绕打好长江保护修复攻坚战等重点工作,开展中央生态环境保护专项督察,并定期开展"回头看",分出轻重缓急,制定督查周期,加大明察暗访频次,特别是对疑难复杂问题,集中力量实施点对点调度。此外,还对考核问责进行严格督查。持续加大对污染防治攻坚工作的考核力度,对因工作不力、履职缺位等影响目标任务完成的有关单位和个人,将严格实施环保"一票否决"制。

(二)低碳转型加快推进

由二氧化碳等温室气体排放引起的全球气候变暖已经成为全人类需

共同应对的非传统安全威胁之一。在《巴黎协定》框架下，世界主要经济体已达成共识，即到21世纪中叶实现碳中和是全球应对气候变化的根本之策。自1998年5月签署《京都议定书》以来，中国一直坚决履行向国际社会所承诺的减少碳排放的义务。2020年9月22日，习近平主席在第七十五届联合国大会一般性辩论上宣布："中国将提高国家自主贡献力度，采取更加有力的政策和措施，二氧化碳排放力争于2030年前达到峰值，努力争取2060年实现碳中和。"[1]同年12月12日，习近平主席在气候雄心峰会上进一步明确指出："中国2030年单位生产总值二氧化碳排放将比2005年下降65%以上。"[2]习近平主席的庄严承诺不仅彰显了中国的大国责任和担当，也开启了中国以碳中和为目标引领产业体系、能源体系、创新体系低碳转型的新征程，为实现人与自然和谐共生的现代化奠定基础。当前，我国以碳达峰、碳中和为抓手，加快推进经济社会发展实现全面低碳转型，主要体现在以下几个方面：一是聚焦加强顶层设计。2021年《中共中央国务院关于完整准确全面贯彻新发展理念做好碳达峰碳中和工作的意见》《2030年前碳达峰行动方案》先后发布，为实现碳达峰、碳中和谋划顶层设计、擘画行动路线图。二是能源结构持续优化，清洁能源消费比重逐步上升。根据国家统计信息网数据统计数据显示，2020年我国清洁电力生产比重大幅提高，规模以上工业水电、核电、风电、太阳能发电等一次电力生产占全部发电量比重为28.8%，比上年提高1.0个百分点。[3]近年来，由于我国一方面大力发展新能源，加强清洁能源输送和消纳，另一方面着力推进北方地区清洁供暖和电能替代，一系列供给侧改革叠加需求侧管理，使得我国能源消费结构持续优化。2020年我国清洁能源消费比重进一步提升，天然气、

---

[1] 中国政府网.习近平在第七十五届联合国大会一般性辩论上发表重要讲话[EB/OL].(2020-09-29) http://bgimg.ce.cn/cysc/tech/gd2012/202009/29/t20200929_35843707.shtml.

[2] 光明网.习近平在气候雄心峰会上的讲话（全文）[EB/OL].(2020-12-12)[2022-06-20].https://m.gmw.cn/baijia/2020-12/12/34457685.html.

[3] 数据来源：国家统计局网站。

水电、核电、风电等清洁能源消费占能源消费总量比重比上年提高1.1个百分点。①三是碳交易市场活跃度稳步提高。碳交易是应对气候变化的市场化机制，通过发挥市场在资源配置中的决定性作用，在交易过程形成合理碳价，从而引导企业淘汰落后产能或加大研发投资，是控制和减少温室气体排放的重要政策工具。习近平总书记在2020年中央经济工作会议上指出："要加快调整优化产业结构、能源结构，推动煤炭消费尽早达峰，大力发展新能源，加快建设全国用能权、碳排放权交易市场，完善能源消费双控制度。"②2012年以前，我国碳交易主要以参与清洁发展机制（CDM）项目为主，碳市场建设进程也较为缓慢。随着后京都时代到来，我国开启了碳市场建设工作，对建立中国碳排放权交易制度做出了相应决策部署。2011年11月，《关于开展碳排放权交易试点工作的通知》发布，拉开碳市场建设帷幕。从2013年6月，深圳率先开展交易，其他试点地区也在2013年到2014年先后启动市场交易。目前，我国有7家碳排放权交易市场。从我国2014—2020年碳交易市场成交量情况来看，成交量整体呈现先增后减再增的波动趋势，2017年我国碳交易成交量最大，为4900.31万吨二氧化碳当量；2020年全年，我国碳交易市场完成成交量4340.09万吨二氧化碳当量，同比增长40.85%。从我国碳交易市场的成交金额变化情况来看，2014—2020年我国碳交易市场成交额整体呈现增长趋势，仅在2017、2018两年有小幅度减少。2020年我国碳交易市场成交额达到了12.67亿元人民币，同比增长了33.49%，创下碳交易市场成交额新高。四是绿色制造升级步伐加快。工业部门是当前我国温室气温的最大排放源，推进绿色制造是助力实现碳达峰的重要内容。"十三五"期间，工业和信息化部着力推进以绿色工厂、绿色产品、绿色园区、绿色供应链为主的绿色制造体系建设。目前，已创建2121家绿色工厂、171家绿色工业园区、189家绿色供应链管理企业，发布了2170种绿色设计产品，覆盖主要工业行业。其中，侧重于生

---

① 数据来源：国家统计局网站。
② 习近平.中央经济工作会议在北京举行[N].人民日报，2020-12-19（01）.

产过程绿色化的绿色工厂是绿色制造体系的核心环节，其通过采用绿色建筑技术合理布局厂区物流、人流路径，采用清洁生产工艺技术，使用先进节能装备生产绿色产品，从而形成资源循环利用机制，实现工厂的绿色化发展。截至2020年底，工业和信息化部已发布五批共2121家绿色工厂，覆盖电子、纺织、钢铁、石化、化工、机械、建材、汽车、轻工、食品、有色、造纸、制药等行业。其中，广东、山东、江苏和浙江等沿海工业经济发达省份绿色制造的先进水平凸显，绿色工厂数量均超过150家。绿色制造理念逐渐深入人心，成为全国工业企业发展战略的重要组成部分。

（三）推进生物多样性保护与绿色发展协同增效

生物多样性的丰富程度是衡量国家综合国力和可持续发展能力的重要指标，许多物种资源与农业、林业、渔业等国民经济产业部门直接相关，生物多样性的丧失将会影响国民经济的发展。根据生物多样性和生态系统服务政府间科学政策平台发布的《生物多样性和生态系统服务全球评估报告》，人类活动改变了75%的陆地表面，影响了66%的海洋环境，超过85%的湿地已经丧失，25%的物种正在遭受灭绝威胁，近1/5的地球表面面临动植物入侵风险。研究显示，生物多样性丧失可能会导致每年10万亿美元的经济损失。作为最早签署和批准《生物多样性公约》的缔约方之一，中国一贯高度重视生物多样性保护，不断推进生物多样性保护与时俱进、创新发展，取得显著成效，走出了一条中国特色生物多样性保护之路。一是政策法律日趋完善。习近平主席主持审议通过了《生态文明体制改革总体方案》，将生物多样性作为生态文明建设的重要内容，上升为国家战略。国务院成立中国生物多样性保护国家委员会，深入开展"联合国生物多样性十年中国行动（2011—2020年）"。2020年我国颁布《生物安全法》，修订《动物防疫法》《湿地保护法》《野生动物保护法》《渔业法》等法律法规，全国人大表决通过《关于全面禁止非法野生动物交易、革除滥食野生动物陋习、切实保障人民群众生命健康安全的决定》，生物多样性法规体系日趋完善。二是创新保护方式，保护成效不断显现。我国创造性提出并建立生态保护红线制度，为至少25%的陆地和海洋面积提供了严格保护，涵盖了95%珍稀濒危物种及其栖息地。截至2020年，全国共建立自然保护地近万处，保护面积覆盖陆域国土面积的18%，约90%的陆地生态系统类型和85%的重点野生动物种群得到有效保护。我国已初步建立起以国家公园为主体的自然保护地体系。截至目前，12个省份已开展了国家公园试点，总面积超过22万平方公里，覆盖陆域国土面积的2.3%。三是推进协同增效，实现保护与发展共赢。中国将生物多样性保护与减贫、实现可持续发展目标有机结合，通过特色生物资源开发、发展生态产业、企业合作共建、合作社托管分成等多种模式，实现了当地生物多样性保护、生物资源可持续利用与社会经济发展共赢。曾是湖北省9个深度贫困地区之一的五峰土家族自治县，森林覆盖率达81%，生物物种之多接近全欧洲总和，国家重点保护野生动物有51种之多。五峰县通过建立蜜蜂养殖、蜜源植物种植与保护生物多样性协调的减贫模式，推动全县3500个贫困户脱贫，户均增收5000多元，成为山区带头实践绿色发展、消除贫困与生物多样性保护的生动缩影，并入选由世界银行、联合国粮农组织等联合发起的"110个全球减贫案例征集活动"最佳案例。

第三节 经济结构性改革存在的问题

一、改革政策变迁存在路径依赖

自2015年11月供给侧结构性改革提出以来，中央经济工作会议连续6年强调坚持以供给侧结构性改革为主线不动摇。2020年12月的中央经济工作会议进一步指出："要紧紧扭住供给侧结构性改革这条主线，注重需求侧管理，打通堵点，补齐短板，贯通生产、分配、流通、消费各环节，形成需求牵引供给、供给创造需求的更高水平动态平衡，提升国民经济体系整体效能。"[①]从扩大内需战略到供给侧结构性改革，再到需求侧管理，体现的

---

① 习近平.中央经济工作会议在北京举行[N].人民日报，2020-12-19(01).

是经济结构性改革政策的重大变迁。根据路径依赖理论，在经济结构转换过程中，由于受到规模经济、协调效应、适应预期及既得利益集团约束等因素影响，会出现类似于物理学中的惯性力量，并不断自我强化进而形成了某种能够自我维系的路径。由于经济结构性改革政策的变迁中存在着报酬递增和自我强化机制，很有可能使改革政策锁定在某种路径上，从而使改革政策思维、政策选择及政策执行等受到路径依赖的约束。

（一）改革政策思维的路径依赖

从扩大内需战略、供给侧结构性改革到需求侧管理的改革政策变迁中面临着政策思维的路径依赖。一是用西方供给学派理论来错误解读供给侧结构性改革。自供给侧结构性改革提出之后，学术界就对其进行各种解读，但其中不乏有人用西方供给学派理论来阐述我国的供给侧结构性改革，实则是长期以来我国理论经济学界中一部分人对西方经济理论所形成的"路径依赖"。对于供给侧结构性改革的理解，要切忌受"新自由主义"错误思潮影响，澄清错误认识。我们提出的供给侧结构性改革是基于中国国情和实践经验、针对中国发展中存在的不平衡不充分提出的具有中国特色的理论范畴，它不同于供给学派过分重视减税的作用，其既强调供给也关注需求，既注重市场调节功能也强调政府作用，通过对原来束缚资源要素供给、市场配置功能以及结构优化调整的制度进行改革创新，进而构建有助于推动科技创新、发展实体经济、保障和改善人民生活的制度保障，来解决我国经济供给侧存在的问题。因此，我们对供给侧结构性改革的理解不能偏离了通过提高供给能力来满足人民日益增长的美好生活需要的根本目的。二是用改革惯性思维将供给侧结构性改革简单化、表面化。我国发展步入经济新常态之后，面临着产能过剩、房地产库存积压、金融高杠杆率、企业成本负担等主要问题。因此，供给侧结构性改革提出之初便将解决"三去一降一补"作为改革的五大任务。但是一些地方政府依照其惯性思维，将供给侧结构性改革简单等同于"三去一降一补"，认为只要完成去产能、去库存、去杠杆、降成本就算改革任务完成，而没有重视供给侧结构性改革与稳增长、体制机制重构、提升供给能力的关系，忽视了解决经济结构不平衡的深层次矛盾。所以，造成一些不存在传统产业产能过剩、房地产高库存的地方或部门，习惯性地认为供给侧结构性改革与其关系不大，而没有认真贯彻落实；而那些存在产能过剩、房地产库存积压的地方、行业，尤其是长期没有得到有效解决的，因改革任务重、难度大、矛盾多存在畏难情绪和不作为思想。为了应付上级部门检查考核，习惯性地"一刀切"，简单化地将亏损企业按照"僵尸企业"处理。其实一部分企业的亏损只是由于经济下行市场波动造成的，而不是技术落后或缺乏市场需求。随着经济恢复、市场启动，一些亏损企业只要根据市场需求变化加以改造升级仍能重新焕发活力。若只是简单地用"甩包袱"的方法处理，则会影响经济的长期稳定发展。

（二）改革政策选择的路径依赖

改革政策变迁实现过程中，过去实施的政策可能会由于自我强化机制而锁定到组织行为中，变成一种惯性的政策选择，从而抑制改革政策实施的效果。从扩大内需战略、供给侧结构性改革到需求侧管理的改革政策变迁中容易陷入政策选择的路径依赖。一是以总需求管理为核心的宏观经济政策选择路径依赖。2008年金融危机发生后，面对外部需求急剧萎缩的情况，为确保完成经济增长目标，以积极的财政政策和稳健的货币政策为主要工具，国家紧急出台了4万亿投资计划、10万亿元"天量信贷"和大规模地方政府举债投资，并全面放松了对房地产的严格控制，出台了鼓励汽车消费的刺激性政策，不但在短期内抵消了经济危机的冲击，也实现了经济增速的快速反弹。2020年12月的中央经济工作会议进一步指出："紧紧扭住供给侧结构性改革这条主线，注重需求侧管理。"[1]不同于以往总需求管理所实施的频繁发力于需求侧的强刺激政策，本轮需求侧管理是我国在高质量发展阶段驱动国内大循环的长期策略，而不是高速发展阶段刺激需求的短期策略；从调控范围来看，需求侧管理不同于总需求管理同时关注内需和外需，而是更着眼于国内需求的调节，建立扩大内需的有效制度，

---

[1] 习近平. 中央经济工作会议在北京举行[N]. 人民日报，2020-12-19（01）.

以建设强大国内市场。从调控对象来看，需求侧管理不仅针对以企业、居民和国外部门为主的经济主体，还包含市场本身，尤其致力于破除制约要素合理流动的堵点，矫正要素资源失衡错配，以有针对性地解决市场本身存在的问题，畅通国民经济循环。从调控工具来看，需求侧管理不仅依赖货币政策和财政政策，还需要结构性政策予以协调配合，要深化供给侧结构性改革，以改善供需结构失衡矛盾。二是忽视供给侧和需求侧协调配合的政策选择路径依赖。在2015年供给侧结构性改革提出并实施5年后，党的十九届五中全会和随后召开的中央经济工作会议都强调要注重需求侧管理，似乎改革政策着力点发生了转变，从加强供给侧改革回到了重视需求侧管理上。实则不然，改革政策的调整是根据中国经济发展内部因素变化作出的，强调的是供给和需求的对立统一，是在深化供给侧结构性改革主线上，坚持扩大内需战略基点；更强调用改革的办法打通生产、流通、分配和消费各环节的堵点，破除机制桎梏和利益藩篱，释放国内消费潜力和消费需求，并配合一系列制度安排来提高居民消费能力、提振市场消费信心、提升供给体系对国内需求的适配性，实现需求牵引供给、供给创造需求的高质量动态平衡，在更高水平的国民经济循环中不断满足人民日益增长的美好生活的需要。

（三）改革政策执行的路径依赖

政策执行是政策目标、政策内容落实的基本途径，是一项复杂的系统性实践活动。在政策执行过程中，执行主体受到主客观因素的影响，习惯于以往常用的政策执行工具、考核方式，从而使改革政策执行面临路径依赖。一是选择式政策执行的路径依赖。一些部门或地方政府在政策执行过程中，就过滤掉一些有难度的部分，只选择容易完成或对其有利的政策进行执行，从而形成选择式政策执行的路径依赖。供给侧结构性改革提出之初，把"三去一降一补"列为急需解决的五大任务。"三去一降"传统产业去过剩产能、房地产去库存、金融领域去杠杆、实体经济降成本体现的是"做减法"，而"一补"补短板则是"做加法"，弥补经济社会各领域的发展不足，包括基础设施建设、民生服务领域、城乡统筹发展、科技创新能力提升等各方面，涉及范围极广。相比之下，在原有基础上"做减法"更简单、易操作。如在去产能方面，根据2015年国务院发布的煤炭钢铁化解过剩产能实现脱困发展指导意见，从2016年开始，用3至5年的时间，退出煤炭产能5亿吨左右、减量重组5亿吨左右，5年内淘汰1至1.5亿吨钢铁产能。同时各地要根据产能过剩实际情况核定去产能指标。二是利益驱动式政策执行路径依赖。在改革政策执行过程中，伴随着执行主客体对政策适应程度增强，报酬递增效应逐渐显现，从而形成并滋养维护现有制度安排的既得利益群体。源于既得利益的约束，一些地方或部门会避免利益受损而阻碍政策执行而形成路径依赖。如在房地产去库存方面，多个地方将其作为政治任务制订了去库存硬指标，采用住房补贴、政府回购、放开限购、棚改货币化安置等方式刺激政策，从而将去库存的结构性改革政策简单化为房地产需求刺激的短期政策，易造成居民购房的投机行为，拉高房价地价，从而增加房地产泡沫和库存压力。在金融领域去杠杆方面，一些地方政府为完成稳增长、保税收、保就业等政治任务，便把民营企业作为去杠杆的主要对象，以缓解其融资难融资贵问题。但被国务院确定为降杠杆"重中之重"的国有企业，则缺乏降低负债率的有效措施，增加了去杠杆的难度。尤其对地方政府而言，去杠杆和保税收、稳增长等目标仍存在一定的冲突。国有企业在贡献税收、提供就业方面发挥重要作用，即使企业面临亏损，地方政府也会让其增加债务融资来维持下去，确保其维持正常生产经营，但也造成国有企业债务下降缓慢甚至不降反升，很有可能进一步累积企业债务，影响金融资源的有效配置，增加经济流动性风险。

二、旧体制惯性未能除清

惯性是自然界事物都具备的基本属性。体制惯性是指由于受到旧有制度行为与思想的感染，导致对未来行为思想塑造具有影响力，可能直接沿袭旧有制度。[1]自2015年至今，无论从国家层面的结构性改革政策措施的部署，还是从地方的积极行动，我们已感受到全国人民对我国经济企稳回升的殷切希望和十足干劲。然而，困扰今日我国经济发展的成因复杂，既有各地共同面临的经济下行压力，更有其各自区域的特殊情况，比如经济结构上，西部地区和东北地区以重工业为主，过度倚赖资源型增长，国企占绝对比重。然而，更关键的是在体制机制层面。西部和东北地区是进入退出计划经济较晚的地区，计划经济体制惯性尚未完全除清，体制和机制性包袱更重，问题更突出，对发展的摩擦力也就更大，以至于今天难以同市场完全对接，对新常态的"不适症"表现更明显。比如一些政府部门官员的"官本位"观念长期存在，其对官职和权力的狂热追求远远胜于对民生改善的关注及对改革创新的热情投入，当改革创新触及这部分人的既得利益时，阻挠的声浪此起彼伏，改革创新的阻力巨大。另外，计划经济的束缚也制约了东北外向型经济的发展，经济发展的开放性不足，对外开放度偏低，出口需求难以释放。这就使得东北地区的对外贸易进一步下降，并呈现负拉动效应。以2015年数据为例，一是东北三省GDP占全国比重约8.6%，但其进出口总额仅占全国的3.4%，低于上年水平；二是东北三省的对外贸易依存度，从2003年的24.7%下降到2015年的14.6%，低于全国平均水平21.8个百分点；三是辽宁、吉林高新技术产品进出口额占外贸进出口总额的比重分别为9.6%、10.9%，分别低于全国平均水平20.8个百分点和19.6个百分点。[2]由此可见，对外贸易对东北地区经济增长的拉动能力极为有限，对外开放度低直接导致东北地区出口需求疲软，同时对外开放度低也是东北地区外向型经济发展的最大短板之一，是产业结构调整滞后、体制机制改革难以破题的重要症结所在。

---

[1] 前瞻产业研究院网.2021年中国碳交易市场规模、区域格局及发展前景分析 未来碳交易市场有望加快发展[EB/OL].(2021-07-18)[2022-06-20]. https://bg.qianzhan.com/report/detail/300/210716-a5cf727b.html.

[2] 张小溪.碳中和机制下的中国可持续发展[J].中国发展观察,2021(21).

三、制度安排存在瓶颈

进入新发展阶段，中国经济正向形态更高级、分工更复杂、结构更合理的阶段演化，现有制度体制很大程度上都是在旧常态的原有条件下建立起来的，在理念和方式上存在许多不适应的地方。经济新常态下，隐藏在我国经济发展诸多结构性问题背后的根源是制度的问题，若不持续深化制度改革、不完善体制机制，那么结构性问题的解决将困难重重。

（一）制度供给的非均衡局面难以扭转

造成我国经济结构性矛盾积弊较深的原因是多方面的，其中制度供给的非均衡是重要因素。在中央政府政策推动下，我国走上市场经济的发展道路，但是改革进程中的制度缺陷让经济发展处于尴尬局面。政府主导而非市场诱导型经济发展模式使得政府更愿意从外部输入制度，即"自上而下"增加制度供给。但由于存在"政府失灵"的情况，政府往往无法把握经济发展中的实际市场动态，造成制度供给和需求的失衡：部分制度出现"供给过剩"，而真正需要制度的领域却出现供给不足的情况，形成"制度短缺"与"制度过剩"并存的局面。制度供给和需求主体缺乏制度变迁意愿是制度供给非均衡的主要原因。由于分税制财政体制改革的推行和深化，以及地方政府和官员出于地方局部利益和官员自身利益的考虑，必然过度追求形象政绩，使得公共服务制度供给缺乏动力，真正需要政府关注的教育、医疗、就业保障等领域却投入不足。从制度需求的角度来看，微观经济主体由于长期受政府庇护或歧视，市场竞争意识不强，也缺乏对制度创新的需求，制度变迁愿望不强烈。由于受"搭便车"和"外部性"等因素影响，制度变迁成本过高、动力不足，潜在的制度需求无法变成现实的制度供给。总之，宏观和微观的经济主体对制度需求的动力都明显不足，使得制度供给的非均衡成为一种难以扭转的常态。

（二）国有企业产权制度冲突仍然存在

产权归属明晰是市场经济的基本要求，产权制度是一种基础性经济制度，它不仅对资源配置效率有重要影响，而且构成了许多制度安排的基础。目前来看，东北地区国有经济的比重仍然较大，国有企业改革依旧是产权制度改革的核心，即便是在外在形式上形成了多元化股权治理结构，但国有企业国有股权偏大的矛盾并不能在短时间内化解。我国国企改革的进程充分表明，在现代企业制度的建设过程中，依然存在产权制度安排瓶颈，导致许多改制企业只有现代企业制度的"皮"，而缺失现代企业制度的"核"。国有企业产权冲突主要表现在：其一，国有企业产权主体的不确定和产权边界模糊。在目前的国有企业产权制度下，由于产权主体的存在不是唯一的，进而导致国有企业产权边界模糊，产权纠纷和冲突难以避免。同时，由于国有资产产权缺乏人格化载体，国有企业负责人把自己当成公务员，而非企业的真正利益者，缺乏自主性、竞争意识和创新意识，企业战略决策常常不以市场为导向，导致国有资产收益率较低。其二，制度的激励机制缺失。缺乏有效的激励机制是由国有企业产权主体不清晰造成的。"平均主义"还在一定范围内存在，国企经营管理的质量和效益均不高，市场竞争力不强。此外，国有企业的薪酬制度设计激励性不足，收入差距过大，员工的工作积极性难以调动起来。其三，国有企业产权制度的约束力不强。在缺乏有效的产权制度约束的情况下，地方政府、国有企业为将"蛋糕"做大，单纯追求经济增速的攀升，多采取短期效应明显的政策措施，仅仅追求利润最大化，而把资源利用效率和环境保护放在次要位置。

（三）非正式制度的培育有待加强

制约我国经济结构性改革的非正式制度主要体现在意识形态、传统文化、伦理道德、规范习俗等因素上，总的来说，主要包括两个方面，一是地域文化的保守性和惰性特征显著。以我国西部地区为例，西部地区是由以粗犷豪放著称的游牧文化发展起来的，形成了不同于传统农耕文化的社会结构以及粗放的生活生产方式，商业文化意识淡薄，缺乏中原地区精耕细作的农业方式。优越的资源禀赋条件使西部地区人们养成了靠天吃饭的思想意识，缺乏生存的危机感和积极向上、崇尚竞争的商业精神。这些具有保守性和惰性的西部地域文化，加上儒家官本位文化思想的感染和固有游牧文化豪放粗野的品格，造就了当地人不爱思考、不思进取、怕变求稳的思维方式，改革的阻力较大。二是长期的计划经济体制影响创新创业文化的形成。例如，我国东北地区是原有计划经济体制存续时间最长的地区，计划经济的意识形态和价值体系的积淀较深，刻板守旧的思维惯性难以改变。另外，东北人民的体制归属感强烈，东北移民大都是以个人或小家庭的方式迁徙的，未形成稳固的血缘和家族关系，正式的社会支持主要来源于政府扶持或国有企业"铁饭碗"。同时，政府与企业之间过度的依存关系也难以消除，不仅掣肘市场经济体制的完善，也导致了东北人对现代市场经济文明的认知和接纳能力较差，逐渐形成了自给自足、小富即安的狭隘生活目标，缺乏竞争意识和创新创业精神。克服旧有的思维惯性具有一定的难度，必须通过制度上的渐进式变迁和文化的重构和积淀，才能开创出创新创业的社会氛围和时代精神。

四、市场机制尚不健全

完善的市场机制包括要素价格的市场化形成机制、竞争有序的市场规则体系、成熟的市场运行机制以及良好的市场环境，具备以上因素的市场机制才能有利于要素的优化配置。我国社会主义市场经济改革实践使蕴藏的巨大经济发展潜力释放出来，一方面，经济结构得以优化提升，国家实力大大增强，社会面貌大为改观，为应对经济困难局面和经济发展矛盾积累了较为雄厚的物质基础。另一方面，我国当前的社会主义市场经济体制还很不完善，我们对经济体制的内部结构和运行机制的认识还存在许多盲区，市场机制发育尚不健全，存在一些突出的矛盾和薄弱环节，使得市场配置资源的功能尚未完全发挥，制约了要素的有效供给，难以激发市场的活力。一是要素价格的市场化形成机制仍未完全确立。改革开放以来，我国要素市场体系及其市场化制度的逐步建立，尽管劳动力市场、土地市场和资本市场都进行了不同程度的价格市场化改革，但是由于城乡市场分割、产权制度不完善、政府不当干预等影响，我国要素价格体系仍存在要素价格扭曲、双轨制及信息要素有效市场价格未形成等问题。要素价格双轨制在改革开放初期一方面有效解决了利益重新分配而受到原有体系下利益群体抵制的问题，一方面激发了市场的活力，在促进我国从计划经济平稳过渡到市场经济方面发挥重要作用。但随着市场经济的不断完善，双轨制的弊端已逐渐显露出来。为此，国家开始逐渐推动形成市场定价机制。虽然当前我国大部分商品的市场定价已经实现，但是价格改革仍未彻底完成，尤其在我国经济结构中存在的双轨制痕迹仍为清除。如劳动力市场与人才市场分割造成的劳动力价格双轨制，集体所有的农村建设用地与国家所有的城市建设用地造成土地供应、流转和价格上的双轨制等等。另外，由于产权制度缺陷所带来的制度性障碍，使得技术、数据等信息要素的价格机制尚未真正形成。一方面由于知识产权保护不力致使技术、数据要素的信息得不到完全披露，交易双方信息不对称导致要素配置有效性降低，难以确保要素价格的透明、公正；另一方面，市场交易主体权责界定不明晰，不利于技术、数据信息要素交易的有效开展和价格机制的形成。尤其是依托于科研院所、高等学校、研发团队等体制内的技术成果的产权界定模糊，导致成果转化存在一定程度的侵权和利益纠纷的风险。另外，随着数字经济的快速发展，人工智能、大数据、短视频、网络直播等新兴业态的产业边界不断扩张，权利链条增加，导致新兴的数据信息要素的可版权性和合理使用标准存在争议，使得如何重新定位知识产权体系中的主客体成为难题。二是市场规则体系仍待完善。目前，我国现代市场体系法律法规和市场基础制度的空白领域仍然较多，而且一些不适应现代市场发展要求的制度规章、标准等也需要进一步修改完善，如需尽快完善资源要素产权制度，以控制经济增长过度依赖资源要素投入的局面。应该按照法制化、国际化的营商环境要求，弥补、修正与市场经济体制不相适应的法规制度。三是市场运行机制尚未成熟。从市场机制运行状况来看，资源要素的价格形成机制、环保收费机制尚未建立起来，从而使得资源要素的市场供求关系、资源稀缺程度和环境损害的成本难以真实反映出来；区域市场分工协作机制建设进程缓慢，地区封锁和行业垄断现象仍然存在；各类市场运行管理体系也待进一步改革创新,如金融、技术、土地等市场运行管理规则,应按照制度化、规范化的要求,着力改善要素低效配置的困境。四是市场环境亟待优化。创造良好的市场环境是国家治理能力现代化的重要体现。随着结构性改革的不断深入,我国在"放管服"改革优化市场环境方面还需进一步做好"减法",才能为厚植创新创业土壤、提升发展质量打下基础。当前,市场环境中还存在一些问题和矛盾,如在放宽市场准入条件的同时所带来的"准入不准营"问题仍没有得到根本解决,退出难的矛盾仍然突出,企业注销环节仍是堵点。目前以行政管理为主的市场监管方式,由于其缺乏有效的制度约束,维护公平竞争的手段和措施仍尚显不足,尤其表现在某些竞争领域的规则和程序的透明度不高,如互联网平台等新兴行业竞争问题,原料药企业垄断问题比较突出,行业协会和资源型垄断企业乱收费现象时有发生,消费维权难频频成为社会热点,食品药品、特种设备和部分工业产品仍存在不少安全隐患。这些问题的长期存在不仅加重了企业负担,而且与人民群众的期待有很大差距,亟待探索出有效的监管方式来维护公平、竞争、有序的市场环境。此外,社会信用体系建设尚处于起步阶段,信用管理制度和信用信息平台建设仍需完善,信用公示机制的约束性还有待提升。

第三章 推进中国经济结构性改革的障碍因素

问题往往存在于系统之中、现状之中，表现为结构性的、体制性的、机制性的、制度性的问题。制度改革、机制构建及政策设计问题是制约中国经济结构性改革的主要障碍因素。首先，需求侧改革的制度性障碍主要包括不合理的分配制度设计使得收入差距扩大，均富性需求难以释放；长期偏误的人口与生育政策造成人口生育率偏低，老龄化加剧，自然性需求受到抑制；滞后的城镇化制度改革难以跟上城镇化发展进程，城镇化新需求难以有效释放，巨大的内需潜力有待深入挖掘。其次，供给侧改革的制度性障碍主要包括产业升级的政策性障碍、要素创新的制度性障碍以及国资国企改革的体制性障碍，这些障碍因素都是造成中国供给体系质量和效益不高的制度因素。

第一节 内需拉动的制度性障碍

一、收入分配制度改革配套性不足

进入21世纪后，我国实现GDP增速与居民收入同步上升，"民富国强"式增长逐步显露。2010年后，农村居民人均收入增速同时高于城镇居民人均可支配性收入增长率和GDP增速。党的十八大以来，我国经济实力持续跃升，人民生活水平全面提高，居民收入分配格局逐步改善。特别是随着国家脱贫攻坚和农业农村改革发展的深入推进，城乡居民相对收入差距持续缩小。从收入增长上看，2011—2020年，农村居民人均可支配收入年均名义增长10.6%，年均增速快于城镇居民1.8个百分点。从城乡居民收入比看，城乡居民人均可支配收入比逐年下降，从2010年的2.99下降到2020年的2.56，累计下降0.43。可见，多年来的收入分配制度改革取得了一定成效，但改革配套性不足问题仍然存在。

（一）收入分配制度设计缺乏完善的市场经济体制支撑

市场经济体制下，社会成员是通过劳动付出或按生产要素贡献获得收益而进行收入分配的。然而，我国从计划经济向市场经济转型的过程中，市场机制和统一的要素市场建设还不完善，尤其是劳动力市场尚不健全，劳资双方集体谈判、政府协调管理的工资机制尚未完全形成，使得普通劳动者在工资分配中处于不利地位，进而导致了分配不公。另外，行业的垄断性经营也是拉大收入差距的原因。目前，我国还存在一些行政性垄断行业，如电力、电信、石油、交通基础设施等。这些行业大都与经济行政部门、地方政府密切联系，排斥、限制甚至干涉本地区、本行业企业之间以及它们与其他行业企业之间的公平竞争行为，凭借其垄断权利制定出高于边际成本的垄断价格，进而获得高额的垄断利润，并将其所获垄断租金的一部分以各种形式分配给自己的员工，导致了不同行业间劳动者收入的差距。由于垄断行业获利简单轻松，因此普遍忽视行业服务质量和效率的提高，进而导致行业整体竞争力的下降。除此之外，由于长期以来国有企业改革的不彻底，国有企业收入分配的激励和约束机制也未真正建立起来，一方面是国家对国企收入分配缺乏行之有效的监管手段，造成工资总额管理、管理层薪酬和职务消费等方面的管理仍然不规范；另一方面是受计划经济体制影响，国企的现代企业制度尚未完全确立，绩效考核制度和薪酬制度仍不完善，造成"大锅饭"的平均主义分配原则仍然存在。总之，由于我国市场经济体制还不完善，市场机制尚不健全，资源要素的配置、市场竞争、市场准入等方面还存在不公平，地方保护、权力寻租、权钱交易等行为仍有发生，严重影响收入分配的公平与效率。

（二）财税制度设计不利于收入分配的调节

财税制度的设计不利于收入分配调节主要体现在以下两个方面。一是税收制度对收入分配的调节效果不佳。由于目前我国个人所得税征收比重较低，居民个人纳税的意识还不强烈，有些个人的无形收入难以查实，加上所得税征管不严，存在严重的偷税、漏税和避税行为，这使得个人所得税对收入的调节功能难以有效发挥。另外，由于目前消费税的征收范围较窄，个别高档娱乐消费行为未列入征收范围，消费税对个人收入的调节作用尚未发挥。除此之外，遗产和赠予税在调节收入方面也有其一定程度的作用，但由于条件不成熟，这项税种还未开征，使得富裕阶层缴纳的税收与其占有的财富总量不相称。二是财政制度安排进一步扩大地区间收入差距。当前我国在教育、医疗、社会保障等领域的财政制度安排都存在明显的歧视性。以财政性教育经费的支出为例，各地区教育经费主要是由各地方政府承担的，显然由于各地区经济水平和财政支付能力的高低决定了其教育投资的强度，进而造成各地区教育水平差距的扩大，进一步拉大了地区间的收入分配差距。此外，一直以来，国家对一些大型国有垄断企业给予财政补贴，这就扩大了其职工与一般竞争性企业职工的收入差距，加上对国有企业薪酬制度的监管不严，这些补贴就成了国有企业职工高薪的主要来源。

二、缺乏时效性的人口政策

人是一国经济社会发展的基本要素和动力，人口政策是关系国家长远发展和民族前途的重要政策。在中国人口政策中，生育政策始终占据着核心地位。但作为典型的公共政策，人口政策并不等同于生育政策，而是涵盖人口变动全过程的一个政策体系，也包括人口迁移政策、人口劳动就业政策和民族人口政策等影响人口社会变动的政策。长期以来，我们一直认为，我国人口基数大、增长快。但是，2020年的第七次全国人口普查结果显示，中国人口结构发生了重大变化，人口负增长、生育率水平偏低、年龄结构不合理、老龄化进程加速等问题加剧，人口红利消减，说明我国的人口政策不能与我国经济社会生产力的发展相适应，政策调整缺乏时效性问题凸显。

（一）政策内容调整错失良机

生育政策是我国人口政策体系的重要组成部分。新中国成立以来，我国生育政策经历了从家庭自主到政府计划、从鼓励到严控再到放松的演变过程。建国初期，鼓励生育的政策使得我国在短短几年内人口暴增，1953年第一次人口普查全国人口为6.02亿，人口自然增长率达23‰，大大超过政府预期，另外当时正处于社会主义改造时期，国家在衣食住行、教育、医疗等方面基础薄弱，人口的大幅增加也给国家经济社会建设带来巨大压力，节制生育和计划生育政策逐渐被提出。改革开放后，与经济社会大多数领域逐步脱离政府计划相反，生育权却上升到政府集中管控的层面，旨在控制生育率。1982年9月，计划生育国策被写入党的十二大报告，从此，"独生子女政策"在全国全面实施。计划生育政策在控制我国人口数量、提高人口素质、优化人口结构等方面都发挥了积极的作用，为我国经济社会发展打下了良好的人口基础。然而，随着我国经济社会的快速发展以及人口观念的变化，计划生育政策的实施以及生育政策内容调整的滞后也随之带来了问题，即逐步呈现老龄化与少子化并存的人口失衡结构。为此，国家开始根据人口的新变化进行相应的政策调整，于2014年、2016年先后启动了"单独二孩""全面二孩"政策。然而，政策实施效果却不尽乐观。根据国家统计局公布的2021年全国人口数据显示，2021年出生人口为1062万人，人口出生率为7.52‰，是新中国成立后有记录以来的最低水平。根据经济学家梁建章、任泽平发布的《中国生育成本报告2022版》数据分析，以2021年1062万新出生人口计算，我国总和生育率仅为1.15，不仅低于处于严重少子老龄化的日本，而且低于欧美国家50%以上。由此可见，全面二孩政策效应不及预期。受长期严格执行的计划生育政策影响，本应在2010年后出现的婴儿潮消失，我国已经错失了调整人口政策的最佳时机。人口政策改革的必要性日益紧迫。

（二）不健全的配套政策体系

进入经济新常态以来，伴随着生育率快速下降，不仅出现了老龄化、劳动力短缺等人口问题，同时也带来了独生子女家庭养小与养老的双重压力、子女教育成本激增等其他领域的社会问题，但目前与人口政策相配套的养老、医疗、教育制度政策还不完善，各领域问题、新旧问题相互交织，增加了化解人口结构矛盾的难度。一是社会化养老服务体系建设不充分。老年人的衣食住行用都有其特殊性，医疗、养生保健等"银发经济"具有较大发展空间，但我国社会化养老服务体系建设还处在起步阶段，养老服务和产品的有效供给短缺、市场发育不健全、区域城乡发展不均衡等问题较为突出，这就造成老龄人口在消费、投资等方面的需求难以拉动，老年人口红利难以得到有效释放。二是教育制度改革仍需进一步深化。当前我国教育资源还是处于相对稀缺的状态，地区、城乡教育资源配置不平衡不充分的矛盾突出，使得教育成本显著攀升，尤其是公立幼儿园供给严重短缺，1997—2017年中国公立幼儿园就读人数比例从95%下降到44%。公立幼儿园的严重不足，迫使许多家庭选择收费较高的私立幼儿园，这是学期教育成本升高的主因。过高的教育成本极大地降低了女性的生育意愿，生育率低、家庭平均子女数量较少等问题就是其突出表现。因此，为扭转这一局面，国家应进一步深化教育领域的改革，加大教育投资力度，扩充教育资源，同时还要合理分配教育资源，完善学区制改革，延长义务教育年限。三是女性劳动就业保障力度不够，导致生育机会成本较高。所谓生育的机会成本，是指女性生育、看护、培养子女所花费的大量时间和精力。国际劳工组织统计数据显示，2017年中国女性劳动参与率（15岁以上）为61.5%，尽管同比下降，但仍高于全球平均水平的48.7%。女性劳动就业保障体系的不完善必然带来较高的职场性别歧视度，在这样的情况下，女性劳动参与率越高，生育的机会成本就会越大，女性的生育意愿便会随之降低。尽管近年来我国在保护女性劳动就业权益方面取得了一定进展，相关政策法律也不少，但职场性别歧视仍然十分严重，女性在加薪、晋升和担任重要职务方面的机会少于男性。主要原因在于，女性劳动就业保障力度不够，相关政策的可操作性和针对性不强，政府资金投入小，监管力度不够，不能有效分担女性生育机会成本。除此之外，完善带薪产假制度，延长女性产假时间，也可以起到提高二胎生育意愿的效果。同时还要加强对人口稀少的少数民族地区的保护性生育政策的改革。

（三）阻力较大的政策执行

传统观念和个人价值观对人口与生育政策的执行产生了一定的阻力，所受影响较大。中国传统生育观念中存在着"不孝有三、无后为大""重男轻女""多子多福"等旧式思想，这种生育文化与传统社会发展对劳动力的极大需求有关，是适应传统社会生产力发展的产物，这一现实需求也导致人口数量的快速增长。传统观念的根深蒂固对当时我国计划生育政策的实施产生了很大的阻力。为此，在1984年全国部分农村生育政策调整为"一孩半政策"，即头胎生女孩的，可再生一个孩子。然而，随着我国社会物质文化产品和人民精神文化生活的极大丰富，传统生育观念也发生了明显改变，对生育质量的关注已远远超出对生育数量的追求，"传宗接代""养儿防老"等功利性生育需求逐渐淡化，使得独生子女成为城市家庭的主流选择。同时随着人们对个性化生活方式和精神层面价值观念的强烈追求，以及结婚成本、生育成本过高等因素，使得晚婚晚育、丁克家庭、单身主义现象日益突出。根据国家民政部统计数据，2020年的结婚登记人数共计814.33万对，较2019年减少了113万对，连续七年下降。由于非婚生子女占出生人口比例较低，因此，结婚登记人数下降必然带来生育率降低。另外，无子女的丁克家庭和不婚族群体也在逐年增多，思想观念的转变不仅带来了人口素质的提升，而且也同时造成了老龄化、劳动力短缺问题的加剧，同时也成为二孩政策推行的障碍。2021年国家卫生健康委调查显示，育龄妇女生育意愿继续走低，平均打算生育子女数为1.64个，低于2017年的1.76个和2019年的1.73个，作为生育主体的"90后""00后"仅为1.54个和1.48个。可见，人口生育观念的形成是与社会经济、文化、传统思想息息相关的，想要彻底转变需要很长的时间，这也是我国人口生育政策在执行的过程中面临的重大社会问题。

三、城镇化制度改革滞后

城镇化进程蕴含着巨大的内需潜力，是我国经济发展的重要驱动力。改革开放以来，我国的城镇化发展速度较快，城镇化率从1978年的17.9%提高到2021年的64.72%，城镇常住人口上升至91425万人。[1]我国经济进入新常态阶段以来，经济下行压力加大，城镇化推进过程中的结构性矛盾也变得更加突出，其中主要矛盾在于供需错配的结构性矛盾，因此，应加大力度推进城镇化供给侧结构性改革，以此来满足城镇化的巨大需求。进而通过释放城镇化新需求来创造新供给，所以要深刻把握城镇化进程中推进结构性改革的着力点，以实现新型城镇化建设与经济结构性改革的相互推进。经济结构性改革不仅聚焦土地、资本、劳动、资源等要素的有效供给和优化使用，更应最大程度地发挥制度供给的基础性作用，以从根本上释放经济发展的活力，为城镇化进程中供需平衡创造体制机制条件。城镇化制度改革涉及户籍制度改革、土地制度改革、劳动就业制度改革、投融资体制改革等。然而，目前我国城镇化制度改革严重滞后于城镇化发展进程，对城镇化的促进作用不够，统筹城乡发展的意图不明显，政策之间的协调配合乏力，对新型城镇化发展的保障性不足。

（一）户籍制度改革迟滞

户籍管理是国家行政管理的重要组成部分，其通过对公民身份情况的登记，为政府实施国民经济和社会发展规划、劳动力资源配置、治安管理等一系列管理行为提供人口数据及相关的基础性资料，同时通过确认公民民事权利能力和行为能力，证明公民身份，便于公民参加各类社会活动。[2]中国城乡二元的户籍制度在计划经济时期推行工业化赶超战略时发挥了积

---

[1] 龚鸣.坚持绿色低碳发展 共建清洁美丽世界（命运与共）[N].人民日报，2021-10-30（03）.

[2] 光明网.我国自然保护区问题逾九成完成整改[EB/OL].(2021-03-19)[2022-06-20]. https://m.gmw.cn/baijia/2021-03/19/1302175025.html.

极作用，但也人为地延缓了我国城市化进程，加重了城乡二元经济结构性矛盾积累。尤其是改革开放以来，随着市场经济体制的逐步完善，使得由城乡差距扩大而引发的一系列经济社会问题逐渐显现，户籍制度改革的呼声也越来越强烈。然而，由于我国市场经济发展不充分、对城镇化认识不足以及对附着在户籍制度载体上的各种既得利益分配关系的依赖，导致我国户籍制度改革严重迟滞，难以满足经济社会协调发展的要求，成了我国城镇化进程中的一个制度性障碍。

（二）土地制度改革不彻底

城镇化进程是资源和要素在空间上的优化配置过程。随着资源环境约束的不断增强，过分依赖土地等要素的粗放使用来迅速推进城镇化的发展模式有悖于生态文明建设要求，付出了沉重的环境成本和社会成本。长期以来，一些地区为了加速城镇化进程，大肆"圈地造城"，不断扩大城市面积，大搞土地财政，盲目追求土地增值收益，不合理拆迁、强占多占耕地等现象屡禁不止，不仅影响土地资源的集约使用和合理配置，而且也成了影响社会和谐的隐忧。土地制度改革的不深入是造成上述现象的根本原因。一是城乡统一的用地市场尚未有效建立起来，农村集体经营性建设用地与国有土地同等入市、同价同权的市场化机制缺失，使得城乡土地价格严重分割，农民难以享受到土地增值收益，进一步加速了城乡居民收入差距扩大的趋势。二是城乡土地集约配置的体制机制尚未形成，农村土地闲置分割严重，土地规模化经营程度不高，土地的深度整合和二次开发也尚未进行，这不仅制约农业生产效率的提升，也对农业可持续发展产生消极影响。另外，城镇建设用地的供需错配现象也十分显著，尤其表现在中小城镇的房地产库存积压严重，而用于教育、医疗、文化、体育等公共基础设施的建设用地供给则十分短缺，不利于新型城镇化建设的协调性和人文性发展。

（三）财税政策对城镇化推进的保障性不足

财税政策对城镇化推进的保障性不足主要体现在两个方面。一是财政政策统筹城乡程度低。目前，我国对城乡经济社会协调发展的财政政策谋划缺乏整体性、持续性和导向性，尤其是缺少长期稳定的支持城镇化发展和统筹城乡发展的财政政策，这就自然导致了普遍重视二、三产业发展和城市建设，而忽视了城乡发展统筹兼顾及城市经济对农村经济带动作用的发挥。二是税收政策支持城镇化发展的意图不明显，财税政策之间配合协调不够。在推进城镇化发展过程中，由于财政与税收政策之间的配合乏力，从而对缩小城乡收入差距、城乡经济社会协调发展产生了一定负面影响。农业税取消之前，由于农业税自身在确定纳税额和对农业生产成本的扣除、减免上存在较大的缺陷，不但未能给农民减负，反而增加了农民的隐性负担。[①]然而，此时财政政策的制定也未从弥补税收政策缺陷的角度出发，加强对农村经济的资金支持、增加农民收入，反而遵循了税收政策的实施效果，通过实施分立的社会保障和公共产品供给政策，进一步扩大了城乡居民的收入差距，影响了城镇化建设的协调发展。农业税取消后，税收政策在推进城乡统筹发展方面尚未发挥积极作用，更谈不上与财政政策的协调配合。

第二节 产业升级的政策性障碍

产业政策是国家通过一定的政策工具对产业结构、产业布局和产业组织等进行适当干预、引导产业发展的一类政策的统称。有效的产业政策是产业结构优化升级的根本保障。改革开放以来，中国在逐步推进市场化改革的同时，充分发挥产业政策在推动产业结构调整、各类产业发展、产业竞争力提升等方面的重大影响。2002年以来，随着市场经济体制的逐步确立和完善，市场在资源配置中的作用范围不断扩大，市场机制的作用不断增强。与此同时，中国政府充分发挥产业政策在结构调整、规模扩张、产业升级、国际化等方面的重要促进作用。产业政策逐步从以计划为主转向

---

① 朱思静.中国转型期体制惯性与政策调整的交互影响关系[J].经济研究导论，2016 (14): 4.

以规划为主,从直接干预转向间接干预,综合运用经济、法律、必要的行政等多种手段。改革开放四十多年来产业发展的成就表明,中国广泛、深度运用产业政策取得一定的成效,但不容否认的是中国产业政策在实践过程中也出现了许多问题。如因信息不对称,导致产业政策实施的范围不准确、着力点不突出;因政府职能转变不到位,产业政策实施过度行政化,直接干预企业生产经营的行为时有发生,损害市场机制作用的发挥;产业政策与其他相关政策协调配合度不高,重复建设与管理缺位现象严重,地区间产业分工不合理、资源配置效率低下问题比较突出。

一、产业政策体系配套政策支持不足

产业政策在推动产业结构调整、产业竞争力提升等方面发挥重要作用,在国家宏观经济政策体系中处于主导地位。然而,若没有其他相关配套政策的支持与配合,产业政策效力的发挥则会大打折扣。我国产业政策实施缺乏相关配套政策支持是造成产业结构升级缓慢、产业竞争力不强的主要原因。产业政策实施的相关配套政策支持力不足主要表现在以下几个方面。

(一)产业政策与区域政策的配合度不高

区域发展战略是突破行政区划界限的区域性发展政策,是加快国家治理体系和治理能力现代化建设的重要内容。产业政策的制定要考虑不同地区资源环境承载能力、产业发展基础和潜力、地区经济差异、城乡一体化水平等方面,明确不同地区的产业定位,体现地区产业发展的比较优势,以达到地区间分工专业化、有区域特点和竞争力的产业结构的目的。与此同时,区域发展战略、区域政策也要考虑产业集聚、产业配套、产业链、供应链和价值链等现代产业发展特点,主动融入国内外生产流通消费网络,引导和促进有本地特色和竞争力的产业集聚发展、开放发展、链式发展。然而,目前我国产业政策与区域政策之间缺乏配套机制,二者易发生偏离与冲突,从而造成区域间产业同构现象突出,低水平重复建设屡见不鲜,区域间各具特点的产业互补性难以有效发挥。以东北地区为例,东北三省在产业发展过程中由于资源条件类似和产业协作互动性不高，产业结构十分相似，域间产业协调互动不足，支柱产业同化。老工业基地振兴战略实施以来，东北各省都分别制订了产业发展规划，由于缺少必要的协调沟通和对自身比较优势的正确认识，导致三省对装备制造、石化、汽车制造、食品加工等行业发展的构思类似，从而出现了东北三省的支柱产业雷同的问题。加上东北三省各自盲目追求产业自成体系，忽视地区间的专业化分工协作，不仅导致了资源的巨大浪费，很难形成规模经济效应，而且加剧了地方保护主义，造成了地区间的市场分割，难以形成合力打造大东北的整体优势产业。

（二）产业发展缺乏配套的制度创新机制

新兴产业代表了先进的生产力，需要有新的生产关系与之相适应，这就对产业发展的原有体制机制提出了前所未有的挑战。然而目前大部分省份的新兴产业发展规划中都提到了制度创新问题，但对于破除原有体制机制束缚的政策措施仍然不能适应产业发展需求，难以有效落实。例如，风电产业方面，风电产业规划的实施缺乏与之配套的电网规划的支撑，造成风电场建设与电网布局不协同，风电产能消化受到极大限制；光伏产业方面，受限于迟滞的电价改革，光伏发电并网、光伏分布式发展难以有效推进，从而导致国内光伏发电市场难以步入正轨，同时还时常受到外部市场的冲击；通用航空产业方面，由于空域申报制度流程较为烦琐复杂，导致空域管制成为产业发展的瓶颈。

（三）产业政策内容互补性不足

通过对各省新兴产业政策内容的分析，可以发现政策的密度非常高，几乎所有省在国家出台新兴产业战略发展规划的两年内都制订并出台了短期或中期的新兴产业发展规划。在发展的产业门类上具有高度的重叠性，基本上都是国家早前提出的几大战略性新兴产业门类，结合地区特点的针对性不强，尽管部分省份根据自身比较优势提出了发展的不同类型产业类别，但是产业发展明显缺乏多元化，区域间产业政策的互补性不足，这为产业高度同构、不良竞争、结构性产能过剩埋下了隐患。比如，机器人产业方面，目前全国近20个地区都把机器人产业列为新兴产业发展重点；锂电池薄膜产业方面，受行业高毛利率的带动，近两年大量企业进入锂电池薄膜产业，目前有40至50家企业有投产计划，真正量产销售的在十几家左右，中国锂电池隔膜的设计产能已经远大于所需产能。在产业发展的具体政策上，基本围绕财税政策、金融扶持政策、科技研发政策、人才培养政策和公共服务政策五大类政策展开。

二、产业发展机制驱动作用不突出

（一）产业发展更多依赖政府推动

纵观国家和省级层面的产业发展规划与产业发展政策，我们可以发现其与市场准入、项目审批、土地审批、金融贷款、限制淘汰等方面的直接关联，表现出明显的管制性、选择性色彩，突出强调政府的作用，对发挥市场机制配置资源的决定性作用来实现产业发展的措施不突出，在一定程度上削弱了产业发展的市场选择力，从而导致产业政策出现失灵现象。一方面，产业政策的实施效果受到政府行政权力对市场干预的影响，造成"寻租""创租"现象突出。因此，在政府行政管制背景下的制度框架内，产业政策的制定和实施易出现偏差。另一方面，政府的直接干预一定程度上影响微观经济主体的主观能动性和积极性。产业政策实施的最主要目的是构建有助于最大程度激发微观经济主体活力的市场化运行的制度基础，而非限制市场竞争。尤其对于新兴产业来说，其能否健康发展最终要靠市场竞争来选择而非政府选择，政府应在新兴产业发展进程中扮演扶持者而非主导者的角色。在新兴产业发展之初，政府有必要给予必要的扶持和培育措施来促进其快速发展，但是新兴产业能否持续发展并壮大，还是取决于市场竞争。由于新兴产业的发展前景不如传统产业那么清晰，技术尚未成熟，市场容量小，若实施缺少市场约束、不遵循产业生命周期规律为特征的政府投资行为，无疑会放大新兴产业的内在发展风险，并导致重复投资和资源浪费。因此，对于促进新兴产业的发展，一方面要更多地发挥政府的引导帮扶作用，另一方面更重要的是发挥市场机制的决定性作用。

（二）产业创新机制不完善

产业创新是促进产业结构调整升级从而提升产业竞争力、推动经济发展方式转变的重要途径。产业创新依托于技术创新和制度创新，通过将创新性的先进技术、制度应用于产业中，促进产业的更替、演进和发展，从而使得新业态、新技术、新产品形成的内在运作方式，就是产业创新机制。由于当前我国的产业政策体系尚不健全，产业政策多以导向性、强制性为主，难以形成完善的产业创新机制。以装备制造业为例，机械工业信息研究院的一项研究显示，我国装备制造业创新能力指数仅约为美国的1/4、德国的1/2。装备制造业具有"全球创新、服务本地"的开放型创新的特点，但目前我国装备制造业对于国际创新资源的引进还更多地侧重于生产资源方面，技术创新资源的引进渠道和机制还不成熟。另外，装备制造业技术创新具有实践性特点，创新大多来源于客户在使用设备过程中解决问题时的办法。所以，很多原创性的装备设计理念都来自客户的提议。因此，客户需求是装备制造业创新的源泉和驱动力。然而，当前产业创新体系在需求侧方面的激励创新的手段还有待进一步完善，使得市场需求对产业创新的促进作用还未充分发挥。

三、产业政策实施工具单一

（一）产业政策工具运用缺乏多元性

通过借鉴《中国产业发展和产业政策报告（2011）》对产业政策工具的分类标准，本书大体上将其分为四大类，即调整振兴类政策工具（包括规划引导、技术改造与创新等）、行业规制类政策工具（包含行业准入以及限制、约束、规范产业经济主体活动的措施）、行业整合类政策工具（包括企业重组兼并、产业转型等）及产业培育类政策工具（对新兴产业、新业态的鼓励与扶持）。不同类型的政策工具发挥的作用各异，调整振兴和行业规制类更多地侧重于促进落后产业的转型升级，而行业整合和产业培育类政策工具则更多地致力于对新经济、新业态和新产业的扶植与培育。在任何发展时期，我们都应辩证地看待和处理传统产业和新兴产业的关系，二者互为条件，相互依存，传统产业是新兴产业发展的根基，新兴产业是传统产业升级的方向。因此，在产业政策工具的运用过程中，不应过度关注扶植某一类产业，而是要综合运用各种政策工具，促进各类行业均衡发展，才能有助于产业结构的优化升级。然而，在实际操作层面，调整振兴类和行业规制类政策工具使用较为频繁，而行业整合和产业培育类政策工具则运用的相对较少。尤其是"十一五"期间，国家层面就较多地运用了具有较高强制性的行业规制类政策工具，如针对铁合金、电石、焦化等"三高一低"行业出台了13项行业准入政策，对水泥、钢铁等重点调整行业颁布了9项淘汰落后产能的政策，相对而言，产业培育类政策工具的颁布和实施力度还不够，政策工具运用过于单一、缺乏多元性。

（二）产业政策实施手段单一化

政策手段是产业政策执行的必要保障。正确有效的产业政策手段应该既能够传达国家宏观经济调控的意图，又能使政策执行者和调控对象自发自觉地按照政策要求积极调整发展方向。若政策实施手段不当或力度不够，则会抑制产业政策实施效力的发挥。20世纪90年代之前，由于计划经济体制的痕迹还未消除，行政手段就成了我国产业政策实施的主要手段。在当时的内外部经济环境下，政府实施行政手段在夯实产业基础、恢复产业发展活力、纠正产业结构等方面确实发挥了关键作用，使得轻工业得到了快速发展，产业结构得以向合理化、高度化发展。然而，随着我国逐步扩大市场在资源配置中的作用，过度的行政手段和直接干预对市场机制造成了严重损害，产业政策制定和实施过程中存在寻租行为；以产业政策之虚名，实际却用行政手段干预企业生产经营活动的现象时有发生；有些产业政策深入到产业内部特定企业、技术、产品和工艺的选择和扶持[①]，或根据企业所有制、规模、产品类型等因素特定的产业政策，有悖于公平竞争

---

① 朱宇，张新颖. 中国东北地区发展报告（2015）[M]. 北京：社会科学文献出版社，2016：252.

的市场规制原则。因此，政府应完善并综合运用行政手段、财税手段、金融手段、法律手段及信息手段，以提高产业政策的执行力。

第三节 要素创新的制度性障碍

要素是指具有共同特征和关系的一组现象或一个确定的实体及其目标的表示。其基本内涵在于事物须有的组成部分、实质或本质，是构成事物必不可少的因素。要素是系统组成的基本单元，系统结构是诸要素的结合、组织方式。[①]经济学意义上的要素通常是指进行财富创造必须投入有形或无形资源，共同构成一个社会赖以生存和发展的物质资料生产基础和基本前提；各种要素的流动、积聚和优化构成财富创造得以顺利实现的前提条件。长期以来，我国经济发展严重依赖资本、资源、劳动力等生产要素，但是这些生产要素的增长方式已趋于极限。一是资本要素的瓶颈突出。这主要体现在资本要素在传统产业中增值能力越来越弱，已经不是拉动传统产业发展的关键要素。二是资源要素的困境，即生态保护高压下的资源供给将越来越短缺。三是劳动力要素转型困难。在我国人口老龄化加剧的情况下，人力成本不断增加，高素质人力资源短缺，用工荒短板越来越明显。因此，在新经济形势下，创新就成为经济发展的推动要素，创新对其他要素的刺激将使其焕发出新的活力。然而，要素创新的制度设计与保障体系建设还不完善，要素优化配置的制度瓶颈仍然存在，使得要素创新对经济发展的驱动力不足。

一、金融创新制度安排迟滞

根据马克思主义政治经济学的观点，资本是一种可以带来剩余价值的

---

① 姜国强.制度创新与转型经济发展方式——以东北地区为例经济[M].北京:科学出版社,2013:130.

价值。因此，资本既是要素结构财富创造功能构建的原因，也是其结果。从要素角度来看，资本要素泛指一切投入再生产过程的有形资本、无形资本、金融资本和人力资本；一般的资本要素主要指物质资本和金融资本，本节所要探讨的是现代经济核心的金融资本。金融本身不仅是一种稀缺资源，而且更是一种资源配置的方法和手段，[①]金融制度环境是决定一国或地区金融业竞争力和金融创新效率高低的决定性因素。然而，金融创新制度环境的构建也并非一蹴而就，需要经历长期的制度修正和社会意识培育。我国金融创新发展的时间不长，金融创新制度环境存在诸多缺陷，如金融机构管理机制不健全、现有金融法治环境和金融监管体制一定程度上抑制了金融创新、信用体系等金融基础设施的建设与金融创新不相适应等。从整体上看，东北地区金融创新发展水平逊于全国水平，因此，金融创新制度环境构建在全国层面上存在的问题也可以反映出东北地区在金融创新制度建设环节存在的诸多矛盾。

（一）金融机构管理机制不适应金融创新的发展

金融机构管理机制不适应金融创新的发展主要体现在以下几方面。一是金融创新机制不完善。目前，多数金融机构未设立专门负责设计和推广金融创新产品的部门，造成金融创新与金融机构内其他业务相比，尚未得到足够的重视，因此在金融创新产品规划、评估、激励等方面还不系统化，产品功能整合性不高，新产品难以得到有效的宣传推广，难以适应目前快速多变的金融创新需求。二是金融创新能力不足。这主要包括两个方面，一方面是技术能力不足，自主研发的创新产品较少，更多的是对原有产品的改进优化；另一方面则是人员能力不足。目前，造成金融机构的产品创新能力不足的关键因素就是金融创新人才的匮乏，除研发人员缺口较大外，创新产品的市场开拓人员也严重不足，这就是造成新产品不能得到市场认可的原因，同时创新产品的市场效应也没有畅通的反馈渠道。因此，对金融创新主体的激励制度还有待进一步完善，以吸引更多具备相关

[①] 黄奇帆.结构性改革[M].北京：中信出版社，2020：1.

创新能力的人才投入到金融创新活动中去。

（二）金融基础设施不完备

金融基础设施主要是指相关的登记查询系统，如征信系统、动产融资登记公示系统、应收账款融资服务平台等，以及支持金融发展的现代化通信、计算机技术和交通等配套设施。金融基础设施服务的公信力是金融体系得以有效运行的基础。[1]通过多年的努力，目前，我国金融基础设施建设初见规模，但比较于快速发展的金融创新活动来说，还存在许多不相适应的问题。以征信体系为例，尽管我国于2012年颁布了《征信业管理条例》，对征信行业规范予以明确界定，但是我国社会信用征集、信用中介机构的发展还处在起步阶段，征信系统的覆盖面还需进一步拓宽，配套性制度还很不完善。一是信用信息缺失对金融创新产生制约。目前，我国征信立法、征信市场监管、征信机构市场准入与退出以及信用信息的征集、共享等制度性管理文件还不健全，尤其是中小企业、个体商户、农户等群体的信用信息收集及评估的有效性不足，因此，金融机构为规避信息不对称的风险，所以针对这类客户群体的金融业务创新和产品创新严重不足。二是信用中介机构发展滞后和信用监管缺位制约金融创新。由于目前对信用中介机构市场准入与退出、行业标准与规范的规定缺失，导致部分信用中介机构诚信度、透明度不高，提供虚假信用信息的情况广泛存在，同时信用监管的缺位也造成我国失信惩戒体系建设的迟滞，对失信的惩戒手段不足、力度不够，较低的失信成本助长了严重失信行为的发生，这对金融创新形成了制度约束。

二、科技创新机制有效性不足

随着新技术、新产业、新业态、新模式的蓬勃发展，科技要素在经济

---

[1] 中国新闻网.中国的全面小康，全在哪里？[EB/OL].(2021-10-03)[2022-06-20]. https://www.chinanews.com.cn/gn/2021/10-03/9579346.shtml.

社会发展中发挥着越来越重要的作用，科技创新日益成为推动社会发展和经济转型的重要力量，因此，近年来，国家不断根据经济发展需要制定并调整产业科技创新的政策措施和制度安排，有力地推动了科技创新成果产业化、商业化进程，技术市场成交额不断攀升。然而，我国许多新兴产业还没有能力自主创新，成果转化率低，这反映的是问题表象，实则说明了我国科技创新活动还缺乏有效的制度支撑。

（一）缺乏科研投入的长效增长机制

高水平科技创新成果的产出取决于较高的科研投入。近年来，从全国层面来看，我国研发与投入（R&D）的绝对值、相对值都在逐年增长，但与发达国家相比，我国R&D经费投入强度（占GDP比重）还未能达到3%的国际标准（见表3.1）。从区域层面来看，京津冀、长三角、珠三角地区研发投入要远远高于其他地区，北京、上海、天津、广东，2020年R&D经费投入强度已超过3%的国际水平，分别为6.44%、4.17%、3.44%、3.15%（见表3.1）。而辽宁、吉林、黑龙江R&D经费投入强度仅为2.19%、1.30%、1.26%。[1]没有稳定增长的科技研发投入，就难以创造出高水平的科技研究成果，同时也将延缓我国建设创新型国家的进程。因此，我国将增强自主创新能力作为国家战略，就要构建科研投入的长效增长机制，在科技不断促进经济社会发展与社会不断增加科技投入的良性互动中推动经济发展。

表3.1　2016—2020年中国研究与开发经费变化情况　　单位：亿元，%

指标	2016	2017	2018	2019	2020
R&D经费支出	15 676.7	17 606.1	19 677.9	22 143.6	24 393.1
R&D经费支出增速	10.6	12.3	11.8	12.5	10.2
R&D经费占GDP比重	2.11	2.13	2.19	2.23	2.40

数据来源：根据2016—2020年全国科技经费投入统计公报数据整理而得。

---

[1] 数据出处：中国政府网.2020年全国科技经费投入统计公报[EB/OL].(2021-09-22)[2022-06-20].hhttp://www.gov.cn/xinwen/2021-09/22/content_5638653.htm.

（二）科技成果转化机制不通畅

随着我国专利、论文数量的不断攀升，我国的科技创新能力和产业竞争力并未得到同步提升，其中一个重要障碍因素就是不通畅的科技成果转化机制，进而造成我国科技成果转化的困境。据工信部相关负责人介绍，当前我国科技成果转化率在30%左右，而发达国家则是60%至70%。[①]科技成果转化机制还不顺畅突出体现在科技成果转化过程中，科研院所的研发追求技术的前沿性，不能放下身段帮助企业去研究解决一些生产中实际遇到的技术和工艺难题，这也进一步折射出了当前我国科技研发与市场需求"两层皮"的现象。科技成果产业化本身就是一项复杂的系统工程，构成要素较多。因此，要在遵循科技研发规律的基础上，进一步深化技术管理体制和科研经费管理体制的改革。同时，应逐步完善技术创新体系，从而促进科技成果转化率的提升。

（三）企业的创新主体地位尚未真正确立

近年来，以企业为主体、市场为导向、产学研相结合的我国技术创新体系建设取得初步进展，激励企业创新的政策措施逐步完善，企业研发投入的活跃度不断提高，研发能力得到提升，重点产业领域取得一批创新成果，为产业转型升级和经济结构调整提供了有力支撑。但目前我国企业创新能力依然薄弱，许多领域缺乏具有自主知识产权的核心技术，企业尚未真正成为创新决策、研发投入、科研组织和成果应用的主体，制约企业创新的体制机制障碍仍然存在。第一，体制因素。我国市场经济体制建设尚不完善，外部市场的竞争压力不大使得企业通过技术创新谋得市场发展空间的动力不足。另外，我国部分传统产业处于全球价值链的低端，因此自主创新还没有成为企业生存发展的唯一选择，企业的创新意识和创新能力都不强。同时企业"政策寻租"的机会和空间也比较大，依靠优惠政策倾斜获得发展机遇的要比依靠技术创新更加容易快捷。第二，科技投入力度

---

① 冯丽妃.扫除"拦路虎"，让科技成果转化畅通无阻[N].中国科学报，2022-03-11（04）.

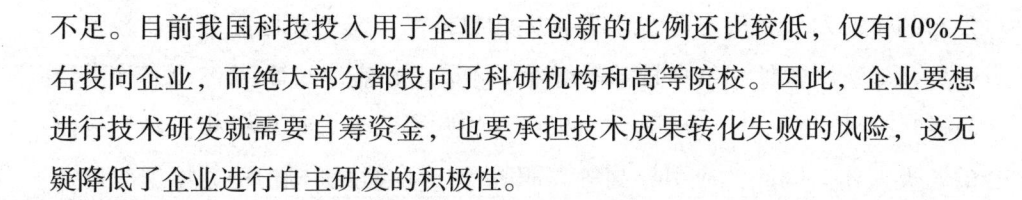

不足。目前我国科技投入用于企业自主创新的比例还比较低，仅有10%左右投向企业，而绝大部分都投向了科研机构和高等院校。因此，企业要想进行技术研发就需要自筹资金，也要承担技术成果转化失败的风险，这无疑降低了企业进行自主研发的积极性。

三、人力资本制度建设适应社会发展需求

美国经济学家贝克尔认为人力资本是指人们在教育、职业培训、健康等方面的投资所形成的资本。人力资本与其他物质资本相比，就有更大的能动性和未知潜力，可以通过知识、技能、体力的培养与培训来不断提升人力资本的价值。现代产业体系的主体是知识技术密集型产业，相应的，掌握先进知识和技术的劳动者将会主导现代产业的发展。因此，人力资本投资对经济转型和现代产业发展发挥着至关重要的作用。只有通过建立健全人才教育制度、培训制度、流动制度，才能吸引更多的人才投身到经济建设中来，并实现自身的人生价值。

（一）人才教育制度与社会需求脱节

当前，我国人才教育制度存在许多弊端，人才培养的针对性与实效性不足，人才培养与产业需求的匹配性低，已经不能够满足我国经济社会发展对各类人才的需求，主要表现在高校专业设置不适应市场人才需求。教育部门没有根据市场对人才知识和技能的需求来动态调整专业及课程设置，造成人才供给的有效性大打折扣，从而带来毕业生就业困难与相关专业人才紧缺并存的结构性就业问题。广东省人力资源和社会保障厅发布的《2020年粤港澳大湾区（内地）急需紧缺人才目录》显示，大湾区内地城市16959家规模以上和国家高新技术样本企业，覆盖七大战略性新兴产业和其他重点产业共26类，涵盖57720个急需紧缺人才岗位，涉及316类岗位和403类专业，需求人才总量331 731人。[①]根据河北省人力资源和社会保障厅

[①] 中国新闻网.粤港澳大湾区（内地）急需紧缺人才目录发布[EB/OL].(2021-08-17)[2022-06-20]. https://www.chinanews.com.cn/cj/2021/08-17/9545631.shtml.

发布的《2021年雄安新区急需紧缺人才目录》，雄安新区服务业、教育、卫生、建筑、软件和信息技术等行业引才需求旺盛，共计1 697个工作岗位急需1.1万紧缺人才。[①] 可见，新兴产业的发展急需大量具备相应知识技能的各类人才。因此，应引导高等高职院校、社会培训机构培养培训产业发展所需要人才，从源头上解决新兴产业人才供给的数量与质量问题，促进新兴产业快速发展。同时，教育与就业管理部门还要对人才需求进行动态监测，加快构建人尽其才的发展平台，实现"产业聚才、业以才兴"的良好融合互动发展格局。除此之外，我国的应试教育制度、高学历人才评价制度都对人才创新能力意识的培养产生一定的负面影响。

（二）企业人力资源培训制度难以满足发展需要

我国大部分企业的人力资源部都是从最初的人事部发展而来的，虽然为了迎合现代企业发展的需要，部门名称发生了改变，但是管理的内容却没有发生实质性的变化，依旧以招聘、人事档案管理等日常工作为主，没有将人力资源管理上升到企业战略发展的高度，人力资源管理的功能欠缺，制度安排的随意性大，没有建立起完善的"选用育留"机制，尤其是人力资源培训制度存在较大缺陷。人力资本投资带有准公共产品的性质，企业作为营利性组织，在对员工进行培训时大都是从满足自身生产经营的需要，而不是从员工自身成长出发来挖掘其潜力，因此，企业培训只能起到短期的解决工作中实际问题的作用，不能为企业发展创造更大的价值。

（三）发育不健全的人力资源市场

近年来，从外在形式上看，我国人力资源要素市场建设取得较大进展，人力资源的优化配置大大提高了人力资源的自由流动性和劳动生产率，使得劳动要素所得有了明显的提升。但人力资源要素配置的"双轨制"、制度性壁垒依然存在，使得劳动要素价格严重扭曲，对人力资源市场的畸形发展埋下隐患。第一，"双轨制"掣肘市场发育。"双轨制"是

---

① 中国政府网.《2021年雄安新区急需紧缺人才目录》发布[EB/OL].（2021-10-27）[2022-06-20]. http://www.gov.cn/xinwen/2021-10/27/content_5647144.htm.

指由于计划体制和市场体制并存,而形成的市场体系的割裂状态。"双轨制"广泛存在于我国社会的各个领域,有损社会的公平正义。随着人力资源市场的发展,市场配置的范围越来越大,行政配置的领域逐渐减少,大部分人力资源要素受市场调节,要素价格由供需双方自主决定。然而,由于我国西部地区、东北地区计划经济体制的痕迹尚未完全抹去,部分劳动要素受行政配置的情况仍然存在,尤其是在国有企业,一旦签订劳动合同正式就业就不会失业,人才自由流动状态被人为割裂。另外,由于历史和体制的原因,东北地区人力资源市场仍处于地区之间、城乡之间、部门之间的"双轨"困境,制约地区统一人力资源市场的形成与发育。第二,制度性壁垒引发利益冲突。人力资源市场的制度性壁垒主要包括造成城乡分割、地区封锁的制度性壁垒以及由此衍生的关乎要素利益的歧视性政策。主要表现在:与教育、住房、医疗、消费等利益直接挂钩的户籍制度对人力资源自由转移形成体制性障碍,加剧了社会分化;农村人力资源在教育、求职、就业等方面受到歧视;不同所有制企业的人力资源在基本社会保险方面存在差别待遇等。更为严重的是,制度性壁垒导致了人力资源要素价格的扭曲,从而引发了种种利益冲突。

第四节 国资国企改革的体制性障碍

一个国家或地区的经济发展要依靠市场经济参与主体自身,微观经济主体才是制度变迁的最终决定力量。企业作为产品与服务的供给主体,毫无疑问企业制度的改革将是结构性改革的组成部分。国有企业在关系我国国民经济命脉和国家安全的主要领域占据着主导和控制地位,同时国有企业在我国经济运行和经济体制改革中也发挥着关键作用,因此,国有企业的改革无疑是推进经济结构性改革的关键抓手,同时,经济结构性改革也支撑着国有企业改革有序推进,二者相互补充,相互支持。经过多年的深化改革,我国以国有经济为主体的微观经济结构已经发生明显的改观,国有企业的低效体制改革取得重大突破。然而,我国国资和国企体量依然庞大，国有经济结构和布局不合理仍然存在，国有企业管理水平和经营绩效较差的问题依然突出，国企制度改革任重道远。

一、国有资产管理体制存在弊端

国有资产管理是指对所有权属于国家的各类资产的经营和使用，以及进行组织、指挥、协调、监督和控制的一系列活动的总称。[①]其中，国有企业是国有资产经营管理的重要载体之一，国有资产管理体制改革是我国经济体制改革的重要任务，同时也是经济结构性改革的一个薄弱环节。完善的国有资产管理体制是增强国有经济活力和竞争力、实现国有企业持续健康发展、防止国有资产流失的有效制度保障。改革开放以来，我国的国有资产管理体制建设与完善也经历了一个从模糊到清晰的探索过程。党的十八届三中全会提出加强国有资产监管应以管资本为主线，这一新思路既是对国有资产管理体制改革的新部署，也是建设国家治理体系、推进现代化治理能力的重要体现。对于强化国有资产监督管理、保障国有资产保值增值，都起到了一定的促进作用，然而，随着市场经济改革的不断深入，现行国有资产管理体制的弊端也日益显现。

（一）国有经济结构和布局不合理

国有经济布局的结构合理与否，直接影响其主导作用的发挥。在21世纪之前的很长一段时间，在中国国有资产管理体制改革方案中，对于国有经济的边界、国有资本行业选择和行政区划没有给予很明确的界定，造成了各地区国有经济布局无序、结构趋同等问题，国有企业规模经济效应未能显现。尽管在20世纪90年代末实施的"抓大放小"的国企改革政策在一定程度上使得国有经济摆脱了发展的束缚，激发了企业活力，解决了一部分历史遗留问题，但是对国有经济布局和优化发展的贡献还是比较有限的。进入21世纪以来，政府对国有经济布局和结构的调整方向正在逐步清

---

① 江苏省国资委课题组.国企改革十大难题[M].南京：江苏人民出版社，2016：63.

晰和明确，这也使得各地区的国有经济结构和布局发生了很大的变化，但国有经济的比重仍然较高，且以东北地区最为严重。东北地区国有经济布局和结构不合理主要表现在两个方面。第一，国有经济比重偏大、偏重。伴随着经济发展水平的不断提高，国有经济在全国各大区域工业经济结构中的比重呈明显下降趋势，东北地区却是个例外。东北地区国有经济根基深厚，工业企业布局较为集中，调整的难度很大。第二，国有经济布局也较为分散，战线过长，尤其过度布局在一般竞争性行业和劳动密集型行业。一般竞争性行业是指市场竞争较为充分、供需关系表现为供大于求的行业，主要包括食品加工、纺织、日化、家用电器、普通装备等工业部门，以及绝大多数的物流运输、批发零售、餐饮住宿、旅游等服务业部门。以辽宁省为例，国有经济总体上仍处于遍地开花的状态，几乎涵盖各大门类的各个行业。大到钢铁、机械制造，小到小型纺织厂、啤酒厂。国有企业适应市场变化的能力低于私营企业，因此将国有经济布局在一般竞争性行业不仅浪费大量的资源，而且也使有限的国家财政难以支撑庞大的、分散的国有经济布局，造成国有经济整体效益低下，影响国有经济主导作用的发挥。

（二）混合所有制改革不彻底

作为一种新型的所有制形式，混合所有制是我国转轨时期所有制结构演变的必然产物。混合所有制的出现突破了各种所有制之间自我封闭的界限，解决了单一所有制资金筹集来源有限的问题，有效地破解了扩大企业规模和承担经营风险不对称的矛盾，使市场配置资源制度化，有利于促进产业结构、企业组织结构和所有制结构的合理调整。发展混合所有制是整合国有与非国有资源、提高资源配置效率的有效手段，对新常态下我国国有企业改革具有重要意义。但就目前现状来看，我国混合所有制改革是不彻底的。以东北地区为例，自2003老工业基地振兴战略实施以来，在国家政策的引导下，东北三省90%以上的国有企业完成改制，实现了股权多元化，并以国企改革为契机，推动了整个地区混合所有制经济的发展。然而东北地区混合所有制经济发展还存在一些亟待解决的问题，经营和管理体制还尚待完善。第一，股份制改革不彻底。尽管很多国有企业吸收了非国有资本，但有一些国有企业还没有实现股权多样化的股份制改革，仍然为国有独资企业。第二，公司法人治理结构不健全。改制后的国有企业仅在外在形式上建立起了现代企业制度，内在的公司法人治理结构还尚未达到权责明确、协调运转、有效制衡的规范要求。企业的决策和经营权牢牢掌握在国有大股东手中，非国有股对企业的控制权被削弱，这不仅导致混合所有制的内部治理监督功能弱化，也出现了非国有投资者参与国有企业混合所有制改革意愿下降的趋势。此外，缺乏统一、成熟的东北地区市场经济体系、历史遗留问题负担较重、政府职能转变滞后以及投资环境欠佳都制约东北地区混合所有制改革的进程和质量。

二、国有企业法人治理结构不健全

法人治理结构是明确划分股东会、董事会、监事会和经理层之间权利、责任和利益以及明确相互制衡关系的一整套制度安排，是现代企业制度中最重要的组织架构。健全的公司法人治理结构能使企业形成明晰的利益机制和决策机制，以确保企业生产经营活动的有序开展。自党的十四届三中全会明确提出建立现代企业制度以来，一部分国有企业通过规范的公司制改革建立了较为完善的法人治理结构，形成了科学的决策机制，提高了企业的市场竞争力；一些国有企业借鉴国外先进经验，引入了独立董事制度；还有一些企业探索推行职业经理人制度，按市场化方式选聘职业管理者。通过上述现代企业制度的构建，国有企业法人治理结构逐步建立，但仍存在一些亟待解决的问题，如虽然形式上确立了机构全面的治理结构，但尚未建立起有效的内部治理机制，企业管理仍然混乱，"形似神不似"的现象广受诟病。

（一）国有企业领导体制存在误区

对市场经济条件下中国国有企业领导体制的探索，事关社会主义制度与市场经济规律的有机结合，因此，必须建立符合我国国情和市场经济规律的国有企业领导体制。多年来，在对国有企业领导体制的认识上，受到西方资产阶级自由化思潮、三权鼎立政体思想以及对国有企业改革的迫切心情等因素的影响，理论界、企业实务派及舆论宣传等方面都或多或少出现了偏颇。比较典型的认识误区包括：一是否定党组织对国有企业的领导地位，甚至质疑党指导经济工作的合法性和必要性；二是认为党对国有企业的领导与法人治理结构相冲突，严重虚化党组织的"政治核心作用"，不加区别地简单沿用西方国家的企业管理模式。对国有企业领导体制思想理论研究和实践探索的不深入，造成了相当一部分国有企业对领导体制概念的模糊摇摆，影响了党的经济主张在企业的落地实施，一定程度上导致了企业管理的混乱局面，制约了国有企业的健康发展。

（二）国有企业"内部人控制"突出

"内部人控制"是经济体制转轨国家国有企业公司治理中普遍存在的难题。所谓"内部人控制"，是指向市场经济转型的过程中，国有企业的管理出现了权力的真空状态，其内部人员（经理或职工）事实上获得了对企业投资和利润使用等方面的剩余控制权和剩余索取权，[①]加上监督约束机制的不完善，造成了内部人实际上控制了国有企业。国有企业"内部人控制"突出表现在：为谋短期利益，低效率使用、过度消耗甚至挥霍侵吞国有资产，致使国有资产大量流失；掌握企业控制权的经营者通过公司兼并收购从而收取巨额回扣；经营者的过度在职消费；随意提高工资标准、奖金幅度，以实现个人利益最大化等。尽管与传统计划经济体制相比，"内部人控制"使得管理者具有较大的经营自主权和灵活性，有利于提高国有企业的生产效率，增强企业的发展活力。然而，"内部人控制"同时也造成了国有企业内部治理结构的不均衡，损害了出资人利益，进而导致了资源要素的配置扭曲，最终引发社会福利水平的下降。

（三）职业经理人制度难推进

推行职业经理人制度是深化国有企业改革的重要环节，有利于畅通经

[①] 杨英杰,等.做优国企 改革新读本[M].北京:清华大学出版社,2017: 42.

营管理者与职业经理人身份转换通道，拓展国有企业选人用人新视野。实际上，市场化选聘和管理职业经理人并非新生事物，自2003年国资委首次公开招聘副总经理、总会计师，到2009年底，中组部、国资委已先后7次组织央企面向海内外公开招聘，再到2016年，国资委和各省市分别选择3~5家国有独资或国有控股企业进行市场化选聘经营管理者试点工作，由此可见，我国一直在适应市场经济的过程中积极寻求探索职业经理人制度的建立与完善。然而，面对全面深化改革的重大挑战和经济结构性矛盾突出的巨大压力，目前国有企业推进职业经理人制度还有一定的困难，主要表现在经理人配置的市场化程度低。目前，国有企业选聘职业经理人的普遍做法是：高层管理者由各级国资委选拔、任用，中层管理者由企业内部选拔、任用。干部选聘、薪酬管理、岗位晋升等环节都没有参照职业经理人制度的市场化选聘与管理方式，而是采用企业内部的层级管理体系，加上激励与约束机制的缺失，在一定程度上阻碍了职业经理人制度的推进，限制了国有企业职业经理人队伍的发展壮大。

三、业绩考核和薪酬制度体系不规范

规范的业绩考核和薪酬制度体系有利于提高国有企业高层管理者和员工的工作积极性和创造性，有利于促进国有企业提升企业管理和资源配置效率，增强企业核心竞争力。

（一）业绩考核体系尚待优化

改革开放以来，在市场化改革和国有资产管理体制发展演进的基础上，国有企业经营业绩考核体系也经过了长时间的发展历程，从承包经营制业绩评价制度，到与现代企业制度相适应的企业绩效评价指标体系，再到以提高经营业绩质量为核心的业绩考核体系，国有企业业绩考核体系日臻完善，对科学、全面反映国有企业经营成果发挥了积极的促进作用。然而，现行业绩考核体系在考核目标值确定与考核结果运用、考核与企业战略规划实现及企业制度改革的有机衔接方面还存在问题，亟待优化。一是考核目标值确定不合理,忽视横向对标。现行国有企业业绩考核侧重于纵向对比,即在企业上一年度业绩基础上,结合宏观环境发展变化趋势和行业发展走势等外部因素来制定该年度的考核目标值。另外,最终考核目标值是在对企业上报的考核目标建议值进行测算评估后确定。因此,部分企业为确保达到考核目标值,在上报考核目标建议值时就会留有较大的空间。这种纵向比较的方法容易导致业绩考核体系难以达到激励和约束的作用。二是任期考核与企业战略规划的结合不充分。除年度考核外,业绩考核体系还包含任期考核。任期考核实施的目的在于避免企业负责人短期行为的产生,并使得企业战略规划更好地落实。然而,大部分国有企业在战略管理方面都相对薄弱,也未有效地将任期考核与企业战略规划有机结合起来。

(二)薪酬制度改革不到位

2015年伊始,被称作国企高管"限薪令"的《中央管理企业负责人薪酬制度改革方案》正式出台。该方案一经发布就引起社会舆论的热议,也成了当时国企改革的重拳。然而,上述改革方案的实施虽然在一定程度上规范和限制了国有企业高管的薪酬,但却造成了"薪酬倒挂"问题,即同一企业内其他管理人员仍按原标准发放薪酬,使得其薪酬水平甚至高于高管薪酬。由此可见,薪酬制度改革不仅仅是指涨工资与降工资,更重要的是通过改革建立起长效的薪酬激励机制。一方面,要使企业高管的经营业绩与其薪酬相匹配,并与一般员工的薪酬形成合理的差距;另一方面,要通过薪酬激励使得人才脱颖而出,达到吸引人才、留住人才的目的。然而,当前国有企业薪酬制度改革仍不到位,薪酬激励机制的实施现状也不容乐观,还存在诸多亟须解决的问题。一是薪酬管理理念落后。由于国有企业的经营管理理念长期受到计划经济体制的束缚,也造成薪酬管理理念未得到及时的更新,也未根据经营形势和人才结构的发展变化,有针对性地调整薪酬策略,使得工龄、资历、职称仍然是制定薪酬的主要衡量标准,薪酬结构固化。尽管部分国有企业为了实施全球化发展战略,也开始逐步引进国外先进的薪酬管理理念,但由于国外的理念与我国国情及国有企业的特殊性还存在许多难以融合的部分，导致这些先进的薪酬管理理念普遍缺乏实用性，难以有效落地，进而制约了国有企业薪酬管理制度的改革发展。二是高管薪酬与企业绩效不能完全挂钩。这点主要体现在公益性国有企业的薪酬管理方面。由于公益性国企大多享有丰富的资源要素供给，其经营绩效也就不完全取决于企业的经营与管理，因此其高管的薪酬也就难以与企业业绩挂钩。所以，在薪酬设计时应考虑如何划分资源要素无偿供给所带来的绩效与由于高管的经营与管理所带来的绩效，将后者与高管的薪酬相挂钩，才能有效地激励高管的经营积极性。三是忽视国有企业外部薪酬调查统计工作。外部薪酬调查统计是指对同一行业或上下游企业等其他所有制性质的企业的薪酬制度、薪酬策略、薪酬标准等内容进行调查统计，以此作为国有企业薪酬制定的参照。然而，当前国有企业薪酬制度中缺失对外部薪酬调查统计的相关要求与规定，大部分国有企业的薪酬水平也是由国家相关主管部门研究制定，与国有企业发展的实际情况不相符，同时也不适应国有企业的发展需要。同时，如何加强对外部薪酬的调查统计、如何进一步扩大调查范围、如何提高调查数据的可靠性和参考价值也是需要攻克的难题。

第四章 中国经济结构性改革的国际经验借鉴

根据对全球经济环境和中国经济新常态阶段发展特征的精准判断，2015年中央经济工作会议指出加强经济结构性改革是化解当前经济矛盾的根本方法。经济结构性改革将成为未来一段时间我国经济工作的重点。历史上发达经济体多次实施结构性改革，尤其是金融危机爆发以来，发达国家、国际性经济组织普遍将经济结构性改革作为应对经济危机的重要举措，分析典型国家结构性改革措施的背景和成效，辩证地吸收其改革的成功经验，将对我国的改革有非常重要的借鉴意义。

第一节 美国做法与经验

二战后初期，主要发达国家在凯恩斯主义总需求管理指导下，经济取得较长时间的稳定增长。然而，20世纪70年代石油危机后，欧美国家相继陷入经济停滞与通货膨胀并存、失业率居高不下的"滞胀危机"。美国虽然从30年代危机中汲取了教训，加强了政府宏观调控，但也难以逃脱经济危机的劫难。20世纪70至80年代，美国经济处于停滞膨胀期，国民生产总值每年约增长3.8%，低于战后头20年，1980年的通胀率和短期利率创历史新高，分别约为14%和20%。同时劳动生产率增速下滑也与"滞胀"同步发生，1975—1980年间美国制造业平均年增长率仅为1.7%，低于同期亚欧主要贸易伙伴。与此同时，美国多个行业还出现了产能过剩的情况，其中最为严重的是钢铁和汽车行业，其1982年的产能利用率分别仅为50%和52%，处于绝对过剩状态。面对日益加剧的经济下行压力，美国开始大刀阔斧地推行一系列结构性改革政策措施。美国经济结构性改革是市场经济模式下的宏观经济管理方式调整，是从凯恩斯主义有效需求管理向强调市场与自由竞争的供给管理的转变。美国的结构性改革以1981年里根政府提出的经济复兴计划的影响力最为深远，也称"里根经济学"。里根政府经济结构性改革的总体思路是以供给学派的减税政策来应对经济停滞，刺激储蓄、生产和投资热情，同时放宽和取消政府对企业的一些限制性规章制度，来降低企业综合成本；同时以货币学派的控制货币供应量政策来对付通货膨胀。到1988年，美国GDP增速升至4.1%，失业率和通货膨胀率分别降至5.5%和4.1%，结构性改革措施取得了显著成效。

一、实施大规模税制改革

税制改革是里根经济学的最重要内容。里根政府认为税负过重是制约美国经济发展的关键因素，只有减税才能有效激发企业活力、促进经济发展。里根政府先后开展了两次税制改革，分别以削减税率和简化税制为改革目标，引领了西方国家大规模的税制改革浪潮。美国税制改革突出了税收原则和政策的效率，直接大幅度降低了个人及企业所得税税率，减少了税率档次，降低了边际税率，并间接利用各类财税政策工具，整体上降低了个人和企业的税收负担，不仅改善了民生，也降低了企业生产运营的综合成本，调动了居民储蓄以及企业经营者和投资者的积极性。税制改革后，美国个人所得税由11%~50%的15个档次的税率减少为15%和28%两档税率，最高边际税率由50%降至28%；企业所得税由原来的15%~46%的五档税率减为15%、25%、34%三挡税率。[①]减轻税负是降低企业经营成本、激发企业发展活力最直接的方式。

---

① 肖林.新供给经济学——供给侧结构性改革与持续增长[M].上海：格致出版社，2016：65.

二、放松政府对经济的规制

自20世纪30年代经济大萧条以来,在凯恩斯主义的指导下,美国政府为稳定总需求,加强了对经济的规制,管制机制和限制性的法律制度逐渐增多。70年代后政府对社会保障、环境保护、卫生医疗等公共服务领域也加大了规制力度,如政府将特定市场的专有权授予某些特定的服务提供者,并通过管制措施和手段实现公共服务的普及和服务获得的公平性。政府规制在突出社会公平正义的同时,也随之付出了高昂的规制成本,破坏了市场自由竞争机制,扭曲了要素市场价格,压抑了企业创新创造的热情,降低了整体经济运行效率。为此,里根政府简化和放宽了政府对企业经营方面的各种限制措施,取消了对竞争部门的规制条款,放松了对天然气、铁路、航空、物流、电信等自然垄断部门和服务领域的干预,将其重新纳入市场竞争轨道,同时强调所有新制订的规章制度必须符合成本-收益分析标准,并要求将政府的管理成本降到最低。相关资料显示,美国政府因为放松经济规制每年节约行政管理支出500~700亿美元。[①]然而,放松规制不等于自由放任,在此期间美国政府还有针对性地对金融领域加强了监管,张弛有度,协调管理,才能实现经济的平稳增长。

三、加强对产业技术创新的政策引导

美国产业政策调整的主要思路是推动产业技术创新和新兴产业发展以及加快衰退产业的调整与淘汰,从而促进产业结构的高度化发展。进入20世纪70年代,随着经济全球化进程的推进,主要发达国家间的竞争也在加剧,为此,美国相继出台一系列产业结构调整政策以适应新形势发展的需要。1983年,里根总统主张成立了"工业竞争力总统委员会",并随后提

---

① 李栋.里根经济学的政策实践及启示[J].财政研究,2012(1):79.

出了《全球竞争：新的现实》报告，旨在明确美国必须以产业结构调整为契机，通过产业结构的高度化发展来提高美国的国际竞争力。

（一）强化产业技术政策的引导，促进高新技术产业化发展

从20世纪中期开始，在新技术革命浪潮推动下，重大技术变革被广泛应用，大大地提高了社会生产力。由于技术创新的扩散效应，即先进的技术总是从某一个国家逐步向全球扩散，使得技术领先优势在几个主要经济体之间互换。此时，与美国"轮流坐庄"的是日本。20世纪50至60年代，日本实施"技术吸收战略"，主要引进美国先进技术，并凭借其卓越的技术消化和应用能力，使得钢铁、汽车等产业取得较快发展和进步，并对美国形成赶超态势，引起了美国对技术输出问题的警惕。因此，从80年代开始，美国对技术转让和技术情报外流进行了严格的控制和管理，加上当时日本技术储备有限、基础研究薄弱，从而导致日本在高新技术产业竞争力方面有所下降。日本的迅速崛起给美国敲响了警钟，使其开始反思自身在产业技术政策和技术创新模式方面的缺陷，并着手对其产业技术政策进行调整。美国产业技术政策的调整主要以立法的形式加快高新技术产业化，以及促进技术创新成果转移。首先，明确政府研究成果向私营企业的转移制度，以促进科技成果转移、扩散和商业化发展。1980年颁布了《技术创新法》，立项了第一个政府技术转移到私营企业的国家计划，并组建了负责技术转移的机构；同年出台了《大学和小企业专利程序法》，允许大多数联邦政府实验室以排他性方式将政府专利授予大学和企业，以鼓励私营企业积极投入资源参与技术成果的商业化运作和产业技术创新。其次，推动私营企业开展技术研发合作。为提升企业的技术研发能力和市场竞争力，1984年颁布了《国家合作研究法》，允许企业之间进行技术研究和生产的合作，并采取相关措施改善了企业开展技术研发的财政、税收等政策环境。最后，突出国家产业技术政策的重要地位。1990年，布什政府正式提出了美国国家技术政策制定的基础、目标、实施战略和方案，从国家顶层设计层面明确了产业技术政策的制定和实施是政府的使命，以及运用先进技术实现民生改善、经济增长和国家安全是政府产业技术政策的施政目标。

（二）坚持长期对科技研发的投入累积形成丰厚的创新成果

二战期间，依托国防工业的高昂投入，美国的高新技术产业逐渐发展起来，并形成了丰富的技术储备，奠定了美国成为全球头号科技大国地位的基石，如计算机、互联网、半导体等产业均受益于美国国防技术的研发。二战结束后，美国政府开始直接参与科学研发活动，同时大大增加了研发活动经费。20世纪80年代，美国政府用于科技研发的支出占全部财政支出的比重一直保持在45%左右。到了90年代，美国政府对科技创新的投入比例有所下降，但伴随着经济的发展，政府科技创新投入的绝对值仍在不断增长，而且在企业贡献的研发投入中，也离不开政府政策的扶持。另外，美国对科技研发与创新的规划性较强，在不同发展时期都提出具有全球科学技术前沿水平的专项科技规划与计划，包括里根政府时期的"星球大战计划"，其不仅是一个国家防御战略计划，更是一个高技术发展计划，包含了计算机技术、高能激光技术、微电子技术、航天技术、火箭技术等的研究与发展；克林顿政府时期的"信息高速公路计划"，是美国最重要的综合性高科技计划，其涉及了当今信息技术的各个领域，如通信技术、互联网技术、信号处理技术、数据库技术等，该计划的实施进一步促成了这些先进技术的发展，也带来了社会综合生产力的变革。同时，在90年代初期，美国还相继出台了《先进技术计划》《先进制造技术计划》《新一代车辆合作研究计划》《下一代制造—行动框架》以及《集成制造技术路线图计划》等。[①]这些高技术专项计划的实施不仅取得了重要的产业技术突破，也加快促成了产学研结合和技术创新成果的商业化运作，为美国经济转型夯实了基础。除此之外，美国长期以来致力于投资建设全球领先的技术研究基础设施和机构，逐渐形成了国家科技创新体系。20世纪40年代以来，美国建立了世界上最大的核武器实验机构——洛斯拉莫斯实验室、最大的航天技术研发组织——美国国家航天局、最大的医学和生物

---

① 徐峰. 创新驱动产业转型：美国政府20世纪80-90年代的经验与启示[J]. 世界科技研究与发展，2014（4）：205.

技术研究中心——美国国立卫生研究院、最具权威性的技术研发管理机构——美国国家科学基金会等。美国在科学技术研发的组织和管理方面的充分投入为国家创新体系的日臻完善提供了可靠制度保障。

（三）加强对衰退产业调整与退出的援助

20世纪80年代初期开始，美国许多传统优势产业逐渐丧失了竞争优势，纷纷陷入困境，尤其是钢铁行业，在美国政府的主导下，经历了长达20余年的结构调整期。经过不断的兼并重组，美国钢铁公司、国际钢铁公司、纽柯钢铁公司及谢伟尔钢铁公司成为美国钢铁行业"四大"，并跻身全球钢铁业巨头公司行列。政府援助下的钢铁行业结构调整不仅淘汰了行业落后产能，也提升了技术创新能力。另外，美国还通过严格规范破产法律程序和相关政策措施，以减轻衰退产业退出对产出和就业的冲击。具体包括申请破产期间可搁置债务偿还程序及必须出具对失业员工的安置方案等，这些法规政策不仅给面临破产的企业以必要的救助，而且也降低了产业调整对经济的破坏性。除此之外，美国还十分重视利用高新技术来改造一些处于衰退期的传统优势产业，以帮助其实现从资本密集型向技术密集型的转变。采用高新技术改造传统产业在一定程度上延缓了传统产业的衰退速度，使得一部分已经失去竞争优势的传统产业焕发了新的生命力。尤其在里根总统执政期间，将政府投资的重点放在加快改造生产工艺和设备上，以实现生产的高度现代化。同时，美国还通过信息技术改造传统制造业，实现了制造业信息化的蓬勃发展。另外，美国政府还组建了国家制造科学研究中心、国家制造技术服务中心等研究机构，专门从事制造业相关技术研究的成果推广和应用工作，逐渐形成了美国制造业的研发与应用体系，为美国重返全球制造业领先地位奠定了基础。

第二节 日本做法与经验

二战后，在美国的援助下，日本经济从20世纪50年代中期开始高速增长，直至60年代末期，增长率始终稳步保持在10%以上。70年代，日元升值的冲击和石油危机的爆发使得日本经济难以维持高速增长，并引发了二战后日本最严重的经济危机，由此结束了长达20年的高速增长，进入低速增长阶段。到了90年代，日本经济泡沫破裂，经济增速甚至下降至年均接近于零的程度。作为政府主导的市场经济国家，日本对供需结构的干预是一个长期的过程，结构性问题也一直是日本朝野公认的社会顽疾，因此，日本政府常常将其经济政策称之为结构性改革。20世纪80年代到21世纪初期，日本的结构性改革大致经历了四个阶段。一是日本政府于1978年颁布了《特定萧条产业安定临时措施法》（特安法）等四部法令，明确了钢铁、铝精炉、造船、纺织等14种产业为结构性萧条产业，制订一系列措施方案废弃过剩设备、对失业人员和中小企业进行补偿与援助；二是80年代初期，日本推行行政财政改革，并实现了日本国铁和日本电信的民营化；三是90年代，时任首相桥本龙太郎主张的"金融大爆炸"改革，由此开启了日本金融体制和税收体制改革的序幕；四是21世纪初，小泉纯一郎上台，提出了"没有神圣地带的结构改革"，改革涉及经济领域的方方面面，而且明确地提出了改革的施政纲领，但是由于日本结构性问题积弊较深，加上国际经济环境的恶化，导致小泉政府的结构性改革落实不力、效果不佳。

一、扩大海外投资助推过剩产能化解

20世纪80年代，受泡沫经济虚假繁荣的影响，日本企业设备投资迅速增加，大型生产线纷纷上马，导致了严重的设备过剩和产能过剩。为化解过剩产能，政府实施了一系列有效的措施，主要包括：一是限制钢铁、石油化工等资源消耗大、环境污染重的原材料工业的发展，引导其减产或停产；二是鼓励电子工业、先进设备制造业等高附加值的技术密集型产业的发展，在税收、融资等方面给予优惠政策；三是向海外转移劳动密集型产业。其中，扩大海外投资成为日本振兴经济、化解过剩产能的最有效策略。80年代中期，日本提出"海外投资立国论"，旨在通过扩大海外投资,以加快经济全球化步伐。日本对外直接投资的产业基本上都是在日本国内被认定为耗能高、公害大、产能过剩的衰退产业,政府鼓励企业将这些产业转移到中国、东盟等生产投资成本更低的发展中国家,这一举措不仅使日本经济得以复苏,也缓解了日本国内产能严重过剩的压力。到1989年,日本对外直接投资创历史最高,约为675亿美元,比1985年增加了453%。[1]尽管到90年代初期,受泡沫经济破灭的影响,日本海外投资出现短暂的下降,但实质上并没有改变日本产业海外转移的大趋势。

二、通过强化技术研发扩大中高端供给

第二次世界大战后,日本从满目疮痍的战败国迅速发展成为能与美欧抗衡的发达经济体,卓越的科技创新竞争力是其经济崛起的法宝之一。20世纪70年代,日本大型企业的技术开发能力已得到有效提升,并开始注重引进实验室技术,着力开展基础性技术的研发,同时削减成熟技术引进的比例。到了80年代,日本开始步入了技术与知识集约化时期,经济规模和技术竞争力都已经达到发达国家水平,可以从国外引进的技术也越来越有限,加上美国等西方发达国家开始限制技术输出,也迫使日本不得不转变依靠技术引进发展科技和经济的战略,开始注重自有技术的研发,以实现技术独立。这一时期日本政府一方面积极鼓励企业引进国外最新研究成果,并在学习和吸收的基础上进行改良和创新,进而进行自主尖端技术的研发。另一方面,加强对基础性研究的投入,以争取在新技术革命浪潮中占有一席之地。与此同时,日本技术创新竞争力的快速提升还得益于"产—学—官"合作创新模式的推动。产、学、官分别代表企业和产业、大学和研究机构以及政府机构。企业主要是根据市场需求开展应用研究和技术成果的转化,为社会提供产品和服务。企业一直是日本科技创新的主体,大约有一半以上的专职技术研发人员来自企业。此外,企业在技术研

---

[1] 王钢.日本供给侧改革的经验与启示[J].西部金融,2016(4):24.

发方面的投入占全部研发经费的比重约在60%以上。大学和研究机构主要从事基础研究及应用和发展研究。政府机构主要是通过制定科技发展规划和扶持政策，来引导、组织和协调三者之间的关系，促进大学、科研机构与企业界的合作创新。日本政府尤其重视政策的连贯性和系统性以及科技政策与产业政策的协调性，紧密围绕产业发展的实际需求来动态调整科技政策，从而使得科技创新成为产业发展的重要支撑。这一时期，政府将技术研发集约型产业作为扶持的重点领域，出台税收优惠、低息贷款、补助金申请等一系列配套的扶持政策来鼓励企业加快技术创新和成果转化的速度，并通过创造供给与需求的市场潜力来促进产业的快速发展。在这一时期，日本家用电器、电子通信、汽车等产业的技术研发水平得到较大提升，化工、钢铁、造船等萧条产业的信息化管理能力显著提高，精密数控设备、柔性加工中心、机器人等高技术产业得到较快发展，这使日本顺利完成了由资本密集型向技术知识密集型经济增长方式的转换，开始踏上了依靠智力的可持续发展之路。

三、激发中小企业创新创造活力

中小企业在日本经济发展中发挥了不可替代的作用。日本也是中小企业政策体系最完备的国家之一。然而，随着全球经济形势的发展变化，日本中小企业的发展也面临重重挑战，因此，扶持中小企业发展成为日本结构性改革的重要内容。20世纪70年代初，以第一次石油危机为转折点，日本经济增长开始逐渐回落。1974年，政府提出产业结构转换政策，要求产业结构向能源节约型、环境保护型、技术集约型转变。为此，日本中小企业政策也开始发生变化，由强调规模效益和设备现代化向技术与知识集约转换。到了80年代，日元升值和泡沫经济的崩溃使得日本受到严重打击，陷入长期停滞的局面，中小企业也未能幸免，开始了产品结构调整和事业转换，中小企业技术创新和创业活动得到政府的大力扶持。日本政府把中小企业的主动性、灵活性和创新性特质看作是经济发展的原动力，因此每当经济处于危机时，日本都把中小企业作为改革的着力点，以此激发全社会的创新创造活力。

（一）培育有利于中小企业的市场竞争环境

为强化中小企业市场竞争能力，改善中小企业市场机能不足，日本政府着眼于构建有利于中小企业发展的市场竞争条件。首先，开展中小企业税制改革。政府制定了税收特别政策，通过减税、提供税收奖励等措施，协助中小企业提高盈利能力、稳定经营基础。尤其是1997年以来开始实施的"天使投资税制"，对处于创业期的中小企业实施低税率的税收政策，极大地缓解了中小企业在创业初期的经营压力。其次，建立中小企业融资服务体系。为满足中小企业多元化的资金需求，政府重新评估了原有的融资担保制度，将技术成长性、市场潜力与企业家能力等有利于中小企业的非财务指标纳入融资评估体系，同时从降低准入门槛、简化审批程序、多样化融资方式等方面进行资本市场制度改革，以确保中小企业获得有效的资金供给。另外，还制定了安全网贷款制度，目的是为那些中长期看可以实现可持续经营但因市场环境变化而陷入资金困境的中小企业提供流动资金，以帮助其渡过暂时性的经营困境。最后，重视中小企业人力资源开发。重新检讨中小企业劳工移动环境，修改中小企业退休金和年金制度，以减轻中小企业用工成本、改善员工劳动条件及强化人才培养。

（二）构建中小企业创新与创业辅导体系

随着泡沫经济的破灭，日本经济陷入了长期停滞，不仅引发了大型企业和金融机构的相继破产，也使得大量中小企业歇业率上升甚至接近倒闭的边缘，失业问题加剧。为帮助中小企业渡过难关，日本政府特别修订了《中小企业基本法》，把帮助中小企业适应经济社会环境变化、辅导中小企业转型经营、开展创投创新及技术研发活动作为重点，以帮助中小企业转型发展与开发新商机。首先，通过完善的立法促进中小企业创新创业。90年代日本先后出台了若干部关于保障中小企业创新创业的法律，包括《中小企业创造活动促进法》《新事业创出促进法》《中小企业挑战支援法》及《中小企业等协同组合法》等。以1995年颁布的《中小企业创造活动促进法》为例,该法在扶持中小企业技术创新活动方面发挥了重要作用。主要措施包括:制订创新性技术研究开发补助金制度,以给予中小企业研发补助金的形式鼓励其提高企业技术水平;设置新技术育成补助框架,在中小企业新技术试验应用阶段的研究活动中给予资金支持;鼓励研究机构和大学向中小企业转让研究成果,并通过贷款优惠的方式资助中小企业引进专利技术。除此之外,该法还通过减免税收、低息贷款等办法对中小企业的技术研发与创新活动进行资助,鼓励其创新创造。其次,建立多种形式的创业辅导机构。日本是世界上创业辅导机构发展最完善的国家之一,对中小企业创建与发展的支持发挥了不可替代的作用。20世纪80年代,日本就开始出现非营利的创业辅导机构,到了90年代,创业辅导机构数量迅速增加,并得到政府的大力扶植。1999年日本企业孵化器协会正式成立,成为日本首个支持企业创新创业的全国性组织,负责管理全国的企业创业辅导工作。

（三）建设中小企业经济安全体系

与大企业相比,中小企业在面对经济环境的变化和国际竞争压力增强时,受到冲击更大,除了帮助中小企业转型发展和稳定经营外,帮助其化解风险和危机也是政府工作的目标。为此,构建中小企业经济安全体系就成了21世纪日本中小企业政策最重要的内容之一。首先,完善中小企业保险体系,以抵御潜在的经营风险。由于中小企业收益性低、稳定性差的缺陷,商业保险和民间保险机构通常不愿意为其承保,为此政府特别根据中小企业的特点,提供政策性的保险援助,如互助合作保险制度、防止破产互助制度、养老金制度等。其次,构建中小企业信用担保体系。中小企业信用担保体系既是解决中小企业融资困难的有效途径,也是防范中小企业经营风险的有力保障。日本中小企业信用担保体系主要是由信用保证协会和中小企业信用保险公库两个不以营利为目的的政策性金融机构组成。前者主要负责在中小企业申请贷款时为其提供信用担保,以保障其融资的顺畅;后者则主要负责对前者进行再保险,以降低前者的损失,进而确保信用担保体系的运行不受影响。日本中小企业信用担保体系的资金主要来源于政府的财政拨款、金融机构出资以及收支差额积累形成的内部资金。另外,咨询服务、信息支持以及代偿追索服务机构也构成日本中小企业信用担保支持体系。在信息支持方面,2001年4月中小企业信用风险数据库开始试运行,其主要负责收集中小企业信用资料,以提升对中小企业的信用评估水平。

第三节　英国做法与经验

第二次世界大战后,美国凭借其雄厚的经济实力提出帮助其欧洲盟友恢复因战争而濒临崩溃的经济体系的"马歇尔计划"。这一计划使得欧洲经济迅速恢复,但与欧洲其他大国相比,英国的经济增速偏慢,明显低于西德和法国。随后70年代中期爆发的经济危机对西方国家予以沉重打击,经济增速都不同程度地出现下滑,其中英国的下滑幅度最大,甚至在1974—1979年间GDP增速跌入负增长区间。这时英国开始对凯恩斯主义需求管理和国家干预的宏观经济管理方式进行反思,并在1979年撒切尔夫人当选总统后发生了根本性变化。针对经济危机的爆发暴露出来的结构性问题,撒切尔政府抛弃了凯恩斯主义,积极推行以新自由主义经济理论为指导的市场化结构性改革,主要政策措施包括:大规模国有企业私有化改革,公共服务体制改革,削弱工会实力、放松对劳动力市场的管制,以及税制改革等。

一、有序推进国企私有化改革

国有企业私有化改革是英国撒切尔政府结构性改革的核心内容,其按照产权转移的目标,有步骤地减少国有产权的比重和政府干预的规模和范围,使英国从混合经济向市场经济转变,以培养人民对自由市场经济的信仰和价值观。首先,分阶段推进私有化进程。20世纪70年代末开始,英国开始分阶段推进国企私有化,主要经历了三个阶段,这也与撒切尔夫人执政的三届任期相吻合。第一阶段是试探性阶段（1979—1983年），作为私有化政策的尝试，这一阶段主要采取有限的私有化政策，以股权出售的方式将竞争性领域中"国有部门中次要盈利"的25家公司的产权转移。第二阶段是全面推进阶段（1984—1987年）。在这一阶段，撒切尔政府在积累了第一阶段的检验后坚定了继续推进的信心，提出了"大众资本主义"的目标，首次将私有化的领域转向国有自然垄断企业和公共事业部门。1984年，政府出售了英吉利海峡轮渡公司、美洲虎汽车公司和英国电讯公司，标志着撒切尔政府私有化改革全面推进的正式开始。第三阶段是深入实施阶段（1987—1990年）。在这一阶段，撒切尔政府宣布了"私有化无禁区"的口号，将私有化进一步在公共服务和自然垄断行业全面铺开，并涉足严重亏损的国有企业，甚至将改革深入到了政府机构和社会福利部门。[①]

其次，推进私有化的方式更加多样化。除了股权出售的方式外，英国政府还根据不同行业和类型国企的不同特点，采取多种方式变通操作私有化改革。对于那些条件尚不成熟、私有化难度较大但已经处于亏损状态的企业或社会福利部门，采用打破垄断、放松政府管制的方式鼓励其自由竞争，待经营绩效改善后，再实现私有化；针对那些不涉及产权转移的领域，如垃圾回收、公路养护、公园维护、政府机构和学校的餐饮与保洁等，引入竞争机制，采取特许招标的方式，将国企承包给私营企业经营；根据私营企业在人工成本和管理成本方面的优势，以由私有部门向公共部门提供补充性劳务的方式，来解决公共服务供给短缺的问题。私营企业除了可以经营医院和学校外，还可以经营监狱、教管所、养老院和精神病院。最后，健全的法律保障体系规范私有化操作过程。英国政府在实施国有企业私有化的过程中，把建构私有化法律保障体系摆在首要位置，制定了完善的法律程序和实施流程，任何私有化方案都要得到立法机构的批准才可以付诸实施。另外，为了避免私有化过程中国有资产流失的风险，英国国家审计署特别设立了国有资产私有化绩效审计司，专门负责对国有资产私有化的

[①] 肖林. 新供给经济学——供给侧结构性改革与持续增长[M]. 上海：格致出版社，2016：76.

绩效进行审计，以确保国有企业私有化过程的公平、公正以及民众的公共利益不受损害。①

二、强化公共服务领域市场化改革

作为现代政府职能的主要内容之一，公共服务的有效供给已成为衡量一国或地区政府治理能力高低的重要标准。因此，创新公共服务供给成为现代国家政府改革的核心。英国是世界上第一个建立了完善公共服务体系的国家，而且英国还根据其经济社会环境的变化，主动进行持续的改革，是全球范围内公共服务改革的典范。撒切尔政府的公共服务改革涉及教育、住房、社会保障、政府公共服务机构等诸多领域，并将市场化作为改革的主要特征。以教育改革为例，英国政府高度重视教育领域的配套改革，将教育视为培育创新精神和创新人才的摇篮，认为教育竞争力的提升是经济持续发展的内在动力。1988年7月29日，英国出台了《教育改革法》，以立法的形式拉开了英国历史上第一次大规模教育改革运动的序幕，彻底改变了长期以来放任主义的教育管理模式。首先，实施以提高教育经费使用效率为主的学校管理体制改革。为减少地方政府对学校管理的干预，加强学校自治，《教育改革法》确立了"直接拨款到学校"的政策。该政策规定，在基础教育领域，学校的办学经费由教学科学大臣通过中央拨款的方式直接提供给学校，并将财权和人事权下放给学校，由学校董事会负责管理和支配经费的使用，以脱离地方教育当局的管制，提高教育的自主性和竞争性；在高等教育领域，成立由工商界人士参与的"高等教育基金会"，以使高等教育迎合市场需求。同时为了将市场机制引入教育领域，成立由私人企业参与入股投资的城市技术学院，既可以使学校为获得生源而展开竞争，进而促进教学质量的提高和教学环境的改善，又可以促进教育投资主体的多元化发展。其次，开展为振兴

---

① 肖林. 新供给经济学——供给侧结构性改革与持续增长[M]. 上海：格致出版社，2016：77.

经济服务的教育课程改革。20世纪80年代,撒切尔政府开始干预高等教育的发展,要求高等教育要加强与工商界的联系,强化课程设计与职业的关联性,加强学生能力素质培养,以使大学教育走出"象牙塔",更多地服务于经济发展。1979年,政府开始实施能力教育运动,目的在于培养学生的创造性技能、承担和完成任务的能力、与他人合作的能力以及应付日常生活的能力;1987年,政府又启动了"高等教育企业精神"实验,以培养大学生的企业精神,根据工商业发展的实际需要来训练大学生学习和掌握工作技能的方法。

三、放松对劳动力市场管制

劳资关系,又称劳动关系、劳工关系、雇佣关系,是社会关系的重要组成部分。随着经济社会的发展,劳资观念与劳资政策也会随之演变。与此同时,劳资关系状况也会反过来作用于经济社会发展,并影响其发展进程。由于劳资关系对经济增长影响程度的不断加深,使得主要经济体普遍加强了对劳资关系的重新调整,以适应经济社会发展的需要。其中,英国将劳资关系的调整作为结构性改革的重要内容,将限制工会权利、打破工会对劳动力市场的垄断作为调整劳资关系的目标。二战后,英国大规模的国有化及国家对经济干预的加强使得工会人数大幅度增长。工会势力的膨胀对经济产生了诸多不利影响。其一,破坏了市场机制,引发通货膨胀和大规模失业。工会滥用权力垄断了劳动力市场,抬高劳动力价格,增加了企业雇用成本,从而冻结了就业、投资和生产模式,导致了严重的通货膨胀,并最终引发大规模失业。同时工会阻挠企业实施裁员,造成企业劳动效率低下,人浮于事;工会还反对采用节约劳动力的新技术,制约了技术进步。其二,罢工频发,造成巨大经济损失且威胁社会稳定。由于提高工资的要求未得到满足,工会就组织工人频繁罢工,这不仅使劳资关系愈加紧张,也造成了巨大的经济损失。根据英国就业部就业公报显示,1979年,英国全国罢工2125次,涉及工人460.8万人次,损失工作日2947.2万。[1]

---

[1] 肖林.新供给经济学——供给侧结构性改革与持续增长[M].上海:格致出版社,2016:96.

另外，不断的罢工也对社会稳定造成威胁，并直接导致19世纪70年代的英国两届政府下台。1979年，撒切尔政府上台后，开始着手通过削弱工会实力、打破工会对劳动力市场的垄断来对劳资关系进行重新调整。首先，依靠法律手段来限制工会权力。法律有别于政府制定的政策，它不仅具有长期的效力，而且还具有法定的权威性和强制性。通过法律手段来规制工会的行动，改变工会及工会会员至高无上的法律地位，进而削弱工会的权力。同时修改了原有法律中以保护和提高效率为名义、本质上过度保护低收入者的条款，从而打破对劳动力市场的垄断，恢复市场机制。其次，采取强硬措施镇压罢工，甚至不惜动用武装力量对工人罢工进行镇压。这也造成被称之为"铁娘子"的撒切尔夫人的强硬政策作风广受诟病。最后，改革工资制度。以利润共享工资制代替固定工资制。新的工资制度调动了工人劳动积极性，工资也有所提高。1979—1989年的十年间，英国国民工资纯增加额达21%，现金收入增长高达145%。英国结构性改革措施的实施推动劳资关系发生了实质性变化。

第四节　国外经验对中国经济结构性改革的启示

20世纪80至90年代，主要发达经济体开展的经济结构性改革，克服了凯恩斯主义需求管理的弊端，实现了向更加注重市场经济和自由竞争的供给管理的转变，扭转了经济大萧条的发展颓势，通过改革形成的结构性优势也为主要发达经济体保持国际竞争力夯实了基础。发达经济体开展的结构性改革是面对外部冲击和内部压力的积极回应，但不可否认的是，改革实现经济增长的同时，也对经济产生了一定负面影响，如加大了国际贸易摩擦、扩大了公共债务规模和区域发展差距、拉大了贫富差距以及增加了金融市场的不稳定性。当前我国经济面临错综复杂的内外环境，产能过剩、综合成本上升、创新能力不足等结构性问题集中突显，因此结构性改革是解决当前我国经济问题的重要选择。尽管我国当前所处时期和面临的形式与20世纪80、90年代的主要发达经济体不尽相同，但经济社会出现的结构性问题与矛盾相似，改革的重点领域相近。因此，我国开展经济结构性改革，既可以辩证地吸收主要发达经济体改革的成功经验，也需要结合我国实际进行创造性的实践。

一、发挥市场机制决定性作用是结构性改革的必然要求

经济结构性改革的关键在于松绑放活，也就是发挥市场在资源配置中的决定性作用，更好地发挥政府的作用。政府和市场的关系是现代社会经济学研究的一个基本范畴。如何正确处理"看得见的政府之手"和"看不见的市场之手"的关系也是现代经济社会发展中最基本且最具争议的问题。政府和市场的关系并非固态，而是不断地经历着动态平衡的过程，呈现出某种此消彼长的周期性特征。发达经济体处理政府与市场关系的经验说明，政府在短期内动员社会资源的能力很强，能够集中力量办大事，对于稳定经济主体对市场的预期，避免经济增速快速下滑，发挥着十分重要的作用。然而，若政府对经济资源进行严格管制，对经济干预常态化，则会产生显著的副作用。为了短期利益而刺激经济，只追求速度而不顾成本收益，不经审慎甄别，不仅使得低效率部门占有资源，而且正常的市场行为也会受到过多的行政性干预，市场配置资源和自我调节的功能不能有效发挥。政府开展结构性改革的政策措施，最终目的还是在于发挥市场在资源配置中的决定性作用，营造稳定的宏观经济环境。

主要发达经济体结构性改革的核心就是对政府与市场关系的再调整，进而发挥市场机制的决定性作用，强调市场经济与自由竞争，强化政府角色转变，减少政府对经济的干预、充分发挥市场配置资源的决定性作用，以提升市场的运行效率，提高各类市场主体的竞争能力，另外，在倡导"效率优先"的同时，也要兼顾公平，以防出现分化。发达经济体以"强市场、缩范围、换角色"的方式，充分利用市场调节，调整政府职能和权力边界，以更好地发挥政府的作用的同时，建立更加灵活的市场。首先，强化市场对经济的调节作用。主要经济体认为市场的自发调节可以使经济走向均衡，经济波动则是错误的财政、货币等调整政策导致的后果；注重

从制度层面保障市场竞争的公平性、充分性和有效性，来调动供给侧的生产积极性，并根据市场需求变化情况调节商品供给数量和需求数量，以达到供求平衡。其次，缩小政府干预范围。主要发达经济体实施结构性改革的经验证明，不代表公众利益的"强政府"会使经济失去发展动力。里根曾指出："在当前的危机下，政府并不是解决问题的方法，政府本身就是问题的所在。"[①]撒切尔政府也主张把"国家的边界推回去"，建立自由市场经济。最后，转变政府角色。一方面，在微观经济和社会生活领域，政府要放松管制，鼓励竞争，恢复市场机制，扮演好"冷静的仲裁者"的角色，着力弥补由市场失败带来的效率损失；另一方面，政府要为改革的有序推进保驾护航，维护市场秩序，引导民众对自由市场经济的信仰和价值观，以实现经济自由与政府干预的有效平衡。

二、供需双侧协调配合是推进结构性改革的有效手段

供给和需求是市场经济内在关系的两个基本方面，二者对立统一，互为条件。同时，供给与需求的结构关系也是基本的经济结构关系。相应地，供给侧和需求侧则是经济结构性改革的两个基本手段，二者需相互协调配合才能发挥应有的作用。供给侧和需求侧的具体内涵和调控内容不尽相同，但二者的政策取向是基本明确的。供给侧政策的基本措施包括：放任市场，让市场发挥配置资源的功能；在制度体制上，限制政府干预经济活动，激发市场活力；注重经济结构的调整；减低税收和政府支出规模；注重中长期经济目标，更加关注经济的可持续增长。需求侧政策的大致取向包括：刺激投资需求，增加政府支出；在制度体制上强化对经济的控制；注重经济总量的调整；关注中短期经济目标，经济保持较高速的增长，以减少经济波动带来的影响。中国经济发展进入以速度变化、结构优

---

① 肖林.新供给经济学——供给侧结构性改革与持续增长[M].上海：格致出版社，2016：58.

化、动力转化为特点的新常态以来,经济增速大幅度回落,从表面上看,中国经济增速下行是速度问题,是由有效需求不足引发的,但实则反映的是中国经济增长的动力不足,即有效供给的短缺,经济结构失衡、供需错配才是中国经济增长困境的深层症结所在。尽管当前中国经济发展中也存在周期性、体制性及总量性问题,但主要矛盾是结构性问题,而矛盾的主要方面在供给侧。在中央政府做出供给侧结构性改革这一重大理论创新和决策部署的背景下,我们应将改善供给、实现高水平供求平衡作为改革方向,但这不意味着将改革的重心转向供给管理,而忽视需求管理。正如习近平指出:"纵观世界经济发展史,经济政策是以供给侧为重点还是以需求侧为重点,要依据一国宏观经济形势作出抉择。放弃需求侧谈供给侧或放弃供给侧谈需求侧都是片面的。"[1]供给侧和需求侧互为条件,不可偏废。尽管在不同国家不同时期各异的经济形势下,实施供给侧政策和需求侧政策时会有所侧重,但片面强调通过一侧的改革实现经济的均衡增长,都是行不通的。因此要针对供给和需求侧的矛盾问题,两端共同发力,相互配合协调,在供求双侧对立统一的良性互动中共同推动中国经济增长。

三、创新驱动是结构性改革助推经济增长的持续动力

我国进入经济新常态以来,资源环境约束不断增强、人口红利逐渐弱化,以劳动、资本等有形要素的投入为支撑的粗放式经济发展方式的不可持续性逐渐凸显,经济发展中的体制性、结构性问题与矛盾集中爆发,迫切需要实现我国经济增长的动力转换。自创新驱动发展战略实施以来,创新已然被置于国家发展全局的核心位置,我国经济增长动力也逐步由要素驱动、投资驱动向创新驱动转变。创新驱动是全球大势所趋,创新是国家命运所系,继要素、投资之后,创新将成为我国经济增长的主要推动力,并带动劳动、

---

[1] 中共中央宣传部编. 习近平总书记系列重要讲话读本(2016年版)[M]. 北京:学习出版社:人民出版社,2016:155.

知识、技术、管理、资本等要素竞相迸发新的活力。当前，我国经济增长动力不足，体制机制、产业结构、经济结构等问题依然突出，经济结构性改革进入"滚石上山、爬坡过坎"的关键阶段。如何提升经济发展活力、内生动力和产业整体竞争力，是实现经济结构性改革目标的关键，创新驱动无疑是改革的题中应有之义。根据典型国家的改革经验，以提高人力资本价值为依托的科技创新能力提升是发达经济体成功推进结构性改革、振兴经济的关键因素。通过加大对科技创新的重视和投入，加快先进技术的研发和科技成果转化和应用，可直接促进产业升级，从而创造经济效益、促进经济的发展。人力资本存量是科技创新的载体，通过人力资本的知识和技能的积累及智慧和素质的提高，科技研发能力得到提升，从而实现产业结构升级、经济结构优化，可见人力资本价值的提升是实现经济发展的深层基础，科技创新是实现经济转型的直接手段。二战后，主要经济体的产业结构不断升级，三次产业产值和就业人数占整个国民经济中的比重不断变化，第一、二产业相对下降，第三产业的产值和吸纳就业的能力显著上升。特别是在20世纪80年代以来，主要经济体的产业结构进一步优化，以科技创新为依托的高新技术产业迅速发展，逐渐取代传统产业，成为拉动经济增长的主要力量。高新技术产业不仅缓解了就业压力，而且也促进了传统产业技术升级和效率提升。影响主要经济体产业结构优化的因素是多方面的，包括制度安排、资源禀赋条件、技术的进步等，其中，发挥决定性作用的是人力资本价值的提升和科技创新。要想有效发挥人力资本价值和科技创新的作用，主要还是依靠长期的、高强度的投资。短期行为及缺乏连贯性和协调性的做法是难以见成效的。最具代表性的国家应属美国和英国。首先，依靠创新驱动产业转型和经济复苏。美国于上世纪80—90年代走出经济"滞胀"、实现产业转型，不是对经济危机的简单应对，而是在长期坚持科技创新投入，积累了丰硕创新成果的基础上，在有效的产业技术政策的推动下取得的。20世纪80年代，美国政府用于科技研发的支出占全部财政支出的比重一直保持在45%左右。到了90年代，美国政府对科技创新的投入比例有所下降，但伴随着经济的发展，政府科技创新投入的绝对值仍在不断增长，而且在企业贡献的研发投入中，也离不开政府政策的扶持和激励。其次,高度重视教育领域的改革,加强对人力资本价值提升的关注。英国政府历来重视教育制度改革,将教育视为提升人力资本价值的关键,认为人力资本价值的提升是经济持续发展的内在动力。1988年7月29日,英国出台了《教育改革法》,以立法的形式拉开了英国历史上第一次大规模教育改革运动的序幕,实施以提高教育经费使用效率为主的学校管理体制改革,确立了"直接拨款到学校"的政策,以加强对基础教育的投入力度,提高教育的自主性和竞争性;在高等教育领域,为鼓励私人企业对教育的投入,成立由工商界人士参与的"高等教育基金会",以使高等教育迎合市场需求。同时引入市场竞争机制,成立由私人企业参与入股投资的城市技术学院,这既可以使学校为获得生源而展开竞争,又可以促进教学质量的提高和教学环境的改善,从而有利于人力资本素质的提升。

四、国有企业改革是结构性改革推进的关键抓手

企业作为产品与服务的供给主体,毫无疑问企业制度的改革将是结构性改革的组成部分。国有企业在关系我国国民经济命脉和国家安全的主要领域占据着主导和控制地位,同时国有企业在我国经济运行和经济体制改革中也发挥着关键作用,因此,国有企业的改革无疑是推进经济结构性改革的关键抓手,同时,经济结构性改革也支撑着国有企业改革有序推进,二者相互补充,相互支持。从发达国家结构性改革的实践来看,英国国有企业改革对其结构性改革的推进发挥了重要作用。英国国有企业改革的实施大致分为三个阶段,主要采取了出售国有企业股权、引进私人资本、推行私人承包业务等方式来减少国家管制,打破垄断,鼓励自由竞争。这些措施大大缓解了英国经济的"滞胀"现象,使通货膨胀得到明显抑制,宏观经济得到显著改善,生产效率大幅度提升,企业的竞争能力不断增强。如英国电讯公司私有化改革6年后,生产效率从1979—1983年的1.9%上升至1984—1989年的3.2%;1988年实施私有化的英国钢铁公司,在1994年

盈利高达10亿英镑，比七年前增加了近144%。[①]英国实施国企改革的经验说明，引入竞争机制、提高企业经营效率是国有企业改革的关键，同时完善的改革程序和灵活多样的改革方式也是英国企业改革成功的主要因素。首先，引入市场竞争机制、提高企业效率。撒切尔政府国企改革成功的关键是竞争机制的引入，而非所有权的转移，所有权转移与企业效率提高并没有直接关联。这对我国国企管理具有非常重要的借鉴价值。一些处于垄断地位的国有部门，由于行业内没有与之竞争的对手，效率和成本意识十分薄弱，导致这些企业出现了效率低、成本高、服务质量差的问题，因此这些领域没必要直接转变所有权，可以采用引入竞争机制的方法，提倡自由竞争，以此来提高企业效率和盈利能力。其次，加快完善国有企业改革程序。构建包括决策、立法、实施、审计等环节的改革程序是实现国有企业改革有序推进的重要保障。最后，探索改革的多种变通方式。英国改革的经验告诉我们，要根据不同领域不同行业的特点，采取不同的方式、变通地推进私有化改革，才能使改革取得成效。比如，对于那些条件尚不成熟、私有化难度较大但已经处于亏损状态的企业或社会福利部门，采用打破垄断、放松政府管制的方式鼓励其自由竞争，待经营绩效改善后，再实现私有化；针对那些不涉及产权转移的领域，应引入竞争机制，采取特许招标的方式，将国企承包给私营企业经营；根据私营企业在人工成本和管理成本方面的优势，以由私有部门向公共部门提供补充性劳务的方式，来解决公共服务供给短缺的问题。英国的经验说明推进结构性改革，需加大国有企业重点领域与关键环节的市场化改革力度，调整不合理的机制和制度安排，完善平等竞争、优胜劣汰的市场竞争机制和市场环境，最大限度地激发国有企业改革发展的动力与活力。

---

① 石祥君.论撒切尔政府的国有企业改革及启示[D].重庆：重庆师范大学，2014：28.

第五章　推进中国经济结构性改革的对策建议

根据马克思社会经济结构理论，经济结构是生产关系的总和，是整个社会生活的经济基础，存在着生产力和生产关系、经济基础与上层建筑的矛盾关系，而经济结构性问题的产生就源于生产力和生产关系的矛盾运动。因此，经济结构性改革就是根据生产力发展的需要调整或改变生产关系。社会主义的生产关系是基本上适合生产力性质的，它能够使生产力以资本主义社会所不及的速度迅速发展，从而生产不断扩大，人民日益增长的美好生活需要能够逐步得以满足。然而，当前社会主义生产关系还存在制约生产力的发展的不完善之处，因此必须根据社会主义实践的具体情况，克服这些不完善的部分，化解矛盾，推动生产力的发展，这就是经济结构性改革的任务。习近平总书记曾指出："要解决世界经济深层次问题，单纯靠货币刺激政策是不够的，必须下决心在推进经济结构性改革方面做更大努力。"当前我国经济处于错综复杂的内外部环境之中，产能过剩、有效供给短缺、综合成本上升、创新能力不足、体制机制约束性较强等结构性矛盾与问题集中突显。结构性改革是破解当前我国经济矛盾的根本方法。

第一节　准确把握主要矛盾关系

根据马克思主义哲学原理，矛盾是事物发展的动力，在复杂事物的矛盾体系中，往往有这样一种矛盾，它的存在和发展，规定和影响着其他矛盾的存在和发展。这种处于支配地位、对事物的发展起决定作用的矛盾就是主要矛盾。经济结构性改革是一项系统工程，应该在精准把握经济结构性改革可能面临的风险和挑战的基础上,根据我国当前经济发展的实际情况统筹布局,有所侧重,有序推进,选择适合的战略路径。在新常态下推进中国地区经济结构新改革的过程中,要正确处理四大主要矛盾关系,为改革的顺利实施奠定基础。

一、平衡好改革、发展与稳定的关系

发展是事物的矛盾运动,稳定是事物的相对静止,而改革则是调节发展与稳定关系并使二者保持动态平衡的动力之源。[①]人类社会的演进就是在不断改革、不断打破稳定中实现发展的过程。改革是经济发展的动力之源,是以解决社会的主要矛盾、提升人民生活水平为目的,进一步解放和发展生产力的有效途径。发展是改革的前提,当社会发展到一定程度,社会的矛盾关系就会发生变化,从而导致新的改革,使得社会得以继续发展。稳定是改革和发展的基础条件,离开了稳定,任何的改革和发展都是无法顺利推进的。因此,改革、发展与稳定三者之间相互联系、相互影响并相互制约,是辩证统一的关系。改革、发展与稳定是中国特色社会主义理论体系中一组重要的基本范畴,是与贯彻执行党的基本路线方针紧密联系在一起的,三者之间的关系伴随着中国改革的历史进程。改革开放后,邓小平高度重视处理改革、发展与稳定的关系,先后提出"改革是中国的第二次革命""发展是硬道理""中国的问题,压倒一切的是需要稳定"等重要论断,为全面推进中国特色社会主义事业指明了方向。党的十五大报告指出:"必须把改革的力度、发展的速度和社会可以承受的程度统一起来,在社会政治稳定中推进改革、发展,在改革、发展中实现社会政治稳定。"党的十七大报告提出"将促进改革发展同保持社会稳定结合起来"作为我国摆脱贫困、加快实现现代化、巩固和发展社会主义的宝贵经验之

---

① 孙肖远.论"四个全面"战略布局的内在逻辑——以改革发展稳定的辩证统一为视角[J].南京师大学报(社会科学版),2016(1):25.

一。[①]2014年7月在主持召开经济形势专家座谈会时,习近平总书记强调:"我们要本着对历史负责、对人民负责的态度,准确把握改革、发展与稳定的平衡点,准确把握近期目标与长期发展的平衡点,准确把握改革发展的着力点,准确把握经济社会发展和改善人民生活的结合点,在转方式、调结构、保民生、推动可持续发展方面不断取得实实在在的成效。"[②]改革的历史进程表明,改革、发展与稳定是事关坚持和发展中国特色社会主义事业全局的战略性问题。当前,适应、把握、引领新常态是当前我国经济发展的大逻辑,推进经济结构性改革是化解当前我国经济矛盾的根本方法,准确把握改革、发展与稳定的平衡关系是新常态下推进经济结构性改革的必然要求。因而不能为了改革而改革,要将经济发展作为改革的第一要务,将能够解放和发展生产力作为改革措施和成效的评判标准。同时,经济结构性改革是着眼于长远的系统性调整与优化,短期内不仅难以见成效,还有可能抑制经济增长,甚至会因为利益的再分配而给社会稳定带来一定的冲击。因此,我国经济结构性改革必须以相配套的社会保障制度建设为支撑,把稳定放在重要位置,强化政策托底功能的发挥,从而为经济结构性改革营造稳定的经济社会环境。

二、正确处理政府推动与市场驱动的关系

在现代市场经济条件下,市场是"看不见的手",在资源配置中发挥着决定性作用;政府发挥"看得见的手"的作用,主要用于弥补市场失灵,为市场作用的发挥创造良好的环境。政府与市场的关系不是僵化的,也不是简单地划清二者的权利边界,而是一个不断演化的历史过程。在资本主义市场经济发展的不同阶段,对政府与市场关系的理解也不尽相同,

---

[①] 孙肖远. 论"四个全面"战略布局的内在逻辑——以改革发展稳定的辩证统一为视角[J]. 南京师大学报(社会科学版), 2016(1): 25.

[②] 中国政府网. 抓住四个"准确把握",实现遵循经济规律的发展[EB/OL]. (2014-07-09)[2022-06-20]. http://www.gov.cn/xinwen/2014-07/09/content_2714410.htm.

同时经济学理论也随之动态演进。欧洲封建社会末期，重商主义学说兴起，该理论主张政府积极干预市场，强化政府应通过对企业和对外贸易的严格管制促进资本的原始积累。16世纪中期，经济自由主义取代重商主义成为资本主义国家经济政策的理论来源，该理论强调放任市场自由，反对国家干预财富积累。在这一经济政策的指导下，实现了资本主义国家较长时间的经济繁荣与发展。"在它不到一百年的阶级统治中所创造的生产力，比过去一切世纪创造的全部生产力还要多，还要大。"[1]20世纪30年代，资本主义社会陷入经济大萧条，凯恩斯的政府干预理论取代自由市场经济理论，成为帮助资本主义国家摆脱危机的灵丹妙药。凯恩斯倡导政府通过财政政策、货币政策等宏观经济政策来刺激有效需求，促进充分就业。同时凯恩斯也没有否定市场的作用。步入20世纪70年代，资本主义社会陷入"滞胀"旋涡，经济停滞、通货膨胀与失业率居高不下并存。这时"新自由主义"兴起，它包括货币主义学派、供给学派、公共选择学派及奥地利学派，其主张恢复市场的自发调节功能，反对政府对经济的过多干预，强调依靠强有力的政府维护自由与市场秩序。新自由主义理论也成了当时资本主义国家结构性改革政策的理论来源。进入21世纪以来，在经历2008年全球金融危机后，资本主义国家正在逐渐摸索政府与市场的融合点，已不存在单方面强调政府干预经济或自由市场的理论及政策主张。伴随着经济社会环境的不断变化，我国对政府与市场关系的认识逐步深入。1979年，邓小平首次提出了"社会主义也可以搞市场经济"。1982年，陈云提出"计划经济为主，市场调节为辅"。1992年，邓小平在南巡讲话中指出，计划经济与市场经济都是发展经济的手段，不是"资"与"社"的区别。党的十四大将建立社会主义市场经济体制确立为我国经济体制改革的目标，从而把调整政府与市场关系提高到了体制改革的高度，党的十八大指出"更大程度更广范围地发挥市场在资源配置中的基础作用"，十八届三中全会更进一步明确市场在资源配置中的"决定性"作用，同时强调

---

[1] 马克思,恩格斯.马克思恩格斯文集(第2卷)[M].北京：人民出版社,2009：36.

要更好地发挥政府的作用。可见，随着中国社会主义市场经济体制的逐渐成熟，党对政府与市场关系的认识也不断深化，将市场在资源配置中的作用由基础性上升到决定性的高度，政府的角色也随之逐渐改变。

改革开放以来，我国市场体制机制建设成效显著，规则逐渐健全，秩序逐渐规范，市场功能和作用有了一定程度的提升，但是在市场机制建设方面仍然存在一些突出矛盾，如市场准入不够开放透明，政府干预过度；市场规则体系仍待完善，缺乏有效的监管和制度约束；市场运行机制尚不成熟，制度改革与创新仍显不足，尤其是市场配置资源的作用尚未完全发挥，制约了要素的有效供给，延缓了经济发展方式转变的进程，因此，在新常态下推进东北地区经济结构性改革，要将正确处理政府推动与市场驱动的关系放在突出重要的位置。政府推动不能够取代市场配置，而是要按照市场经济运行规律和市场化改革的方向来建立和完善政府权力清单，强化政府职能转变和行政体制改革，实现政府的间接推动作用与市场的直接驱动作用有机结合。可见，发挥"有为政府"推动与"有效市场"驱动的互动作用是有序推进我国经济结构性改革的客观需要。因此推进经济结构性改革，就必须坚定不移地加强市场机制建设，充分发挥市场在资源要素有效供给、质量提升和高效配置中的决定性作用，同时强化政府在宏观调控、制度改革与创新中的支撑和保障作用，不断提升市场机制的运行效率。

三、兼顾短期政策引导与中长期制度创新

经济结构性改革是为促进经济结构的优化，对原来束缚产业结构调整、要素配置、企业体制机制扭转的制度进行改革创新，夯实进一步解放和发展生产力的制度基础。推进经济结构性改革不是完全颠覆原有制度，而是对原有制度的新陈代谢，是在对原有的关键性制度缺陷做重大改革的基础上，有针对性地逐步完善并形成有利于释放经济发展活力和动力的制度体系。与此同时，经济结构性改革还需要强化短期内以问题为导向的政策调控，将短期政策调控融入中长期制度创新的架构中，为中长期改革治

理提供有效的政策供给和保障。另外,中长期制度创新也要结合短期调控政策实践,以通过不断检验政策实施的效果来完善中长期制度建设。因此,经济结构性改革是一个兼顾稳中求进的短期政策引导与中长期高质量发展的制度创新的渐进过程。短期政策与中长期制度创新相互融合、相互作用,才能形成促进经济持续增长的制度安排。特别是近年来,面对世界经济结构进入深度调整期和新冠疫情的影响,我国面临需求收缩、供给冲击、预期转弱三重压力,需要运用综合治理理念、全局观念和系统性思维,尤其是从短期政策应对和中长期改革治理上破解我国经济发展中面临的短期下行风险和中长期矛盾。从短期来看,面对内需提振乏力、外需不确定、新基建投资有限以及部分行业风险冲击市场信心等。从中长期看,我国经济结构转型面临深层次矛盾,如世界经济结构调整压力叠加新冠疫情防控期的延长,人口老龄化加剧,关键核心技术"卡脖子"问题亟待破解以及重点领域体制机制改革仍待加强等。要确保经济发展稳中求进,短期政策应确保宏观政策的针对性和协调性,尤其是充分发挥财政政策和货币政策对稳增长和提振需求上的重要作用,重点发力在两个方面:一是实施新一轮减税降费,尽可能加大增值税留底退税的力度,加大科技型中小企业研发费用加计扣除政策力度,实行固定资产加速折旧,支持科技创新和工业提质升级等;二是适度超前开展基础设施投资,特别是加大对减污节能降碳、数字经济、新能源、新材料、新产业集群等"十四五"期间重点建设的新基建领域的投资力度,这些领域的投资既能扩大短期投资需求,又能实现长期经济增长动能的切换。因此,强化宏观经济政策的针对性协调性,实施更加积极的财政、货币政策组合,能有效弥补供需缺口,为经济平稳运行创造有利条件,为结构调整、深化改革创造良好外部环境。另外,要实现中长期高质量发展,要从全局观点和系统思维来综合考量经济发展、风险防范和改革治理,采用动态联动、一般均衡的综合治理分析框架,从历史逻辑、理论逻辑、实践逻辑维度来分析制度体制、改革措施之间的联动影响、风险传导机制,避免出现政策调整的叠加共振放大效应以及此消彼长的结构性失衡问题。

第二节 完善提振需求的制度保障体系

马克思社会资本再生产理论从国民经济的产业层面出发，通过分析扩大再生产的实现过程，阐明了社会物质生产两大部类均衡的比例结构是社会资本再生产的基本条件，凸显出总量和结构均衡对于社会资本再生产顺利实现的重要性，揭示了产业间比例协调和各产业均衡发展是推动经济持续健康发展的基本条件，对于当前我国开展以产业结构调整与优化升级为重点的经济结构性改革具有重要启示意义。产业结构关系到资源能否合理配置和有效利用，关系到经济增长的速度和经济发展的质量。产业结构调整是经济发展方式转变的重要依据，也是经济结构性改革的必要条件。例如东北地区等老工业基地，其产业结构布局与产业发展水平与国际和国内发达地区相比都有一定差距。东北地区现有的经济结构已经不能适应新常态下的发展要求，应遵循马克思社会资本再生产规律，以产业部门的均衡发展和比例协调为基础，发展以自主创新能力强、科技含量高、附加值高、能耗低、污染少的产业发展方式为核心，以市场机制完善、法律制度健全的产业发展环境为依托，以现代农业、新型工业、现代服务业为主要发展内容，具有产业链完整、产业优势集聚、产业竞争力强特征的现代产业体系。

一、深化收入分配制度改革

进入经济新常态以来，面对供需错配、经济结构失衡的经济发展主要矛盾，国家提出供给侧结构性改革的同时，也着重强调坚持扩大内需的战略基点、注重需求侧管理。因此，拉动内需仍然是稳定经济增长的主要方式，促进拉动内需的制度变革是经济结构性改革的有效手段。特别是为应对新冠疫情影响，扩大内需促消费系列政策的实施，消费需求潜力不断释放，消费对经济增长的贡献稳步提升，支撑了国民经济的稳定恢复。根据国家统计局数据显示，2021年，最终消费支出对经济增长贡献率为65.4%，拉动GDP增长5.3个百分点。然而与发达国家相比，我国现代服务业发展仍然滞后，而且居民的消费结构也亟须进一步优化，这些都是内需拉动的障碍。然而，无论是促进现代服务业发展，还是激发国民的消费潜力，都需要以居民收入增加和消费能力提高为前提条件。目前我国城乡居民增收的基础还不够稳固，收入差距拉大的风险仍然存在。在建设体现效率、促进公平的收入分配体系的进程中，要更加注重保障和改善民生，在扩大中等收入群体、提高低收入群体收入上持续发力，更加积极有为地促进共同富裕。因此，深化收入分配制度改革是新常态下经济结构性改革的内生动力。

（一）完善初次分配制度，健全工资合理增长机制

初次分配是产生收入差距的源头，完善的初次分配制度有利于优化分配结构、缩小收入差距，有利于缓解再分配制度的收入调节压力，有利于改善民生、促进经济增长。新常态下，我国劳动力供给发生根本性变化，"人口红利"逐渐丧失，人口老龄化加剧，劳动年龄人口数量逐年递减，这不仅为我国经济发展带来了不小的挑战，也为初次分配制度改革向劳动者倾斜提供了机遇。一是推进工资制度改革，促进形成工资正常增长机制。加强对工资增长的宏观调控，提高劳动报酬在处理分配中的比重，使劳动报酬增长与劳动生产增长同步，逐步形成合理的工资增长机制，并有计划地提高最低工资标准，力争转变劳动者报酬偏低局面，促进形成公平合理的收入分配结构，有利于更加积极有为地促进共同富裕。二是促进完善劳动力要素市场建设。充分发挥市场在资源配置中的决定性作用，建立由供求决定生产要素价格的市场机制，促进统一的劳动力市场建设，发挥市场自身的调节作用来优化劳动力配置，形成公平、有序的市场竞争环境。

（二）完善再分配机制，强化税收社保的调节作用

税收制度、社会保障制度、财政转移支付是国民收入再分配的重要手段，对缩小收入分配差距和改善财富分配格局发挥着重要的调节作用。一是深化税收制度改革，进一步落实税收公平。间接税为主体的税收结构是造成我国税收调节功能弱化的主因。因此，个人所得税改革要适当提高

个人与家庭的直接税收比重，进一步完善综合与分类相结合的个税制度，改革着力点在人力资本减税与资本利得结构调整方面。降低个人所得税税率，加大人力资本所能扣除的项目范围，更能够在满足公平原则的同时刺激国内劳动力供应，增加就业人数，促进经济社会良性发展。同时要加强税收征管力度，建立规范的税收征管体系，进而更好地发挥税收对收入分配的调节功能。此外，随着个人与家庭财富积累的不断增加，在相关制度、机制、政策完备的前体下，可试点征收财产税，以平抑由财富积累增加而引发的马太效应。二是健全三次分配的社会化机制和相关制度安排。以企业和个人为主要参与主体的第三次分配有助于我国在推进共同富裕的进程中实现缩小收入差距的目标。三次分配的主要渠道是慈善，尽管自2016年慈善法实施以来，民政部及相关部委出台了20多项公益慈善领域的政策文件，促进公益慈善事业的规范化和可持续发展。2021年1月1日起实施的民法典，对公益性捐助主体和捐助行为做了明确规定，对公益慈善捐赠予以鲜明的鼓励和支持。但当前我国慈善事业发展还不够健全，要进一步完善相关制度法律和激励机制。如在税收及相关政策方面，应对慈善捐赠行为予以实质性的优惠，加大个人所得税中对捐赠的扣除额度，健全公益性捐赠税收优惠政策，通过营造良好的制度环境激发企业和个人的慈善捐赠热情等。与此同时，个人参与三次分配的比例还过低，应加强对民众的慈善教育和引导，营造和谐的慈善氛围，创造愿意捐赠的环境，形成良好的慈善文化。另外，要澄清对三次分配的认识误区。三次分配并不是强制性地要求资本、高收入群体捐赠，不能寄希望于三次分配来迅速"均贫富"。三次分配重在自愿参与，是对初次分配和二次分配的一种补充，其主要目的是在全社会强调共同富裕和社会公正正义的价值追求，激励企业或个人投身于慈善事业，增加受赠方幸福感和获得感的同时，也增加了捐赠者的使命感和成就感。三是加强社会保障制度改革，促进公共服务均等化。改革城乡、地区分割的社会保障制度，建立统筹的社会福利制度，加强转移支付制度对收入分配的调节。增加国家财政支出，扩大社会保障覆盖面，降低社会保障总费率，减轻地方与企业的费用负担。加大精准扶贫力度，建立瞄准特定群体的再分配和转移支付制度，促进低收入群体享受同等教育、医疗等福利的机会均等化。同时，要完善社会救助保障制度，为"十四五"时期解决相对贫困问题打下基础。当前，困扰中华民族几千年的绝对贫困问题已历史性地得到解决，但相对贫困问题仍会长期存在，需要不断健全完善解决相对贫困问题的长效机制。要改革完善社会救助制度，加快构建以基本生活救助、专项社会救助、急难社会救助为主体，社会力量参与为补充的分层分类救助制度体系，逐步完善涵盖低保、特困、低收入家庭的多层次救助体系，有效化解"低保捆绑""悬崖效应"，巩固提高脱贫攻坚成效质量。加快推进社会救助立法进程，推动社会救助体系更加优化、成熟和定型，实现兜底保障法治化、规范化，建立健全"两不愁三保障"兜底保障长效机制，使民生兜底保障安全网更加密实牢靠。

（三）规范收入分配秩序，推动形成公正合理收入分配格局

完善要素贡献市场化评价机制与按要素分配的机制，是新常态下转变要素驱动方式的必然要求，也是有效推进经济结构性改革的重要措施。因此，收入分配制度改革与经济结构性改革相辅相成、相互促进。一是要深化垄断行业收入分配制度改革。当前，要抓住经济结构性改革的重大机遇与政策利好，加快规范收入分配秩序，杜绝以权力、行政垄断等非市场因素参与收入分配的状况，因此，推进垄断行业收入分配制度改革是化解分配不公、规范分配秩序的关键环节。一方面，引入竞争机制，鼓励"国民"共同发展。引入民营资本参与国企改革，降低国有企业在市场中的垄断控制地位，激发民营经济的活力和创造力，营造公平竞争的政策和制度环境，形成"国民"共同发展的良好局面。另一方面，要完善国有资本收益上缴公共财政制度，提高垄断行业向政府财政分红的比重。增加垄断行业利润和税收上缴额度，使全社会共享垄断行业发展成果，缩小行业间收入差距。此外，持续深化垄断国有企业高管薪酬制度改革，建立高层管理者年薪与企业经营绩效相挂钩的机制。二是建立完善个人收入和财产信息系统。自党的十八届三中全会首次提出建立个人收入和财产信息系统以来，整体推进进程比较缓慢，原因在于其涉及如何合理合法确定系统归集

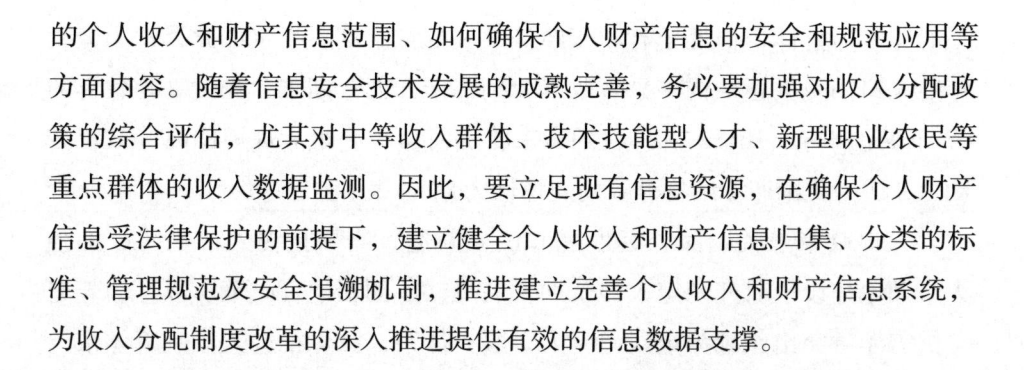

的个人收入和财产信息范围、如何确保个人财产信息的安全和规范应用等方面内容。随着信息安全技术发展的成熟完善，务必要加强对收入分配政策的综合评估，尤其对中等收入群体、技术技能型人才、新型职业农民等重点群体的收入数据监测。因此，要立足现有信息资源，在确保个人财产信息受法律保护的前提下，建立健全个人收入和财产信息归集、分类的标准、管理规范及安全追溯机制，推进建立完善个人收入和财产信息系统，为收入分配制度改革的深入推进提供有效的信息数据支撑。

二、推进人口政策体系变革

作为典型的公共政策，人口政策是涵盖人口变动全过程的一个政策体系，不仅包括生育政策，也包括人口迁移政策、人口劳动就业政策和民族人口政策等影响人口社会变动的政策。新中国成立以来，我国的人口政策实践既有成功的经验也有失败的教训。经济新常态以来，经济领域、社会领域的各类结构性问题成为制约我国经济转型和改革的主要矛盾，也使得人口结构矛盾进一步凸显。"十四五"时期将是我国人口发展的重要转折期，人口总量仍然保持增长，增速却在不断下降。根据第七次全国人口普查数据显示，与2010年第六次人口普查的133972万人相比，增加7206万人，增长5.38%，年平均增长率为0.53%，比2000年至2010年的年平均增长率0.57%下降0.04个百分点。另外，出生人口持续降低，2020年出生人口为1200万，较2019年减少265万人，而较2016年全面放开二孩政策开始时1768万出生人口数，下跌32.13%。同时，我国人口老龄化程度进一步加深。60岁及以上人口为26402万人，占人口总数的18.70%。与2010年相比，上升5.44个百分点。[①]出生人口降低和老年人口比重上升，凸显了"一老一小"问题的迫切性。尽管如此，我国仍具有全球规模最庞大的达到基础教育水

---

① 陆娅楠.第七次全国人口普查主要数据公布 人口总量保持平稳增长[N].人民日报，2021-05-12(01).

平的劳动力群体,仍处于有利于经济发展的黄金期。不仅如此,我国劳动年龄人口的受教育结构将显著改善,到"十四五"期末,受过高等教育的劳动力比例将上升至27%,我国未来将拥有世界上最大规模的高等教育劳动力,成为我国产业结构升级的支撑性力量。

人口政策事关国家长远发展和民族前途,需要把握人口规律、加强人口理论建设、研究制定人口长期发展战略、创新生育政策、以育幼养老等供需矛盾突出领域为重点完善人口服务体系,深化推进人口政策体系改革,以促进人口长期均衡发展,从而满足我国经济结构性改革的需要。

(一)优化生育政策,推动提高适度生育水平

一是实施鼓励性自主生育政策,放开生育数量限制。所谓自主生育,是指凡是有生育能力并有生育意愿的人自己决定生育几个孩子的行为,国家层面不再干预生育数量,而转向干预生育质量服务。[①]从促进我国人口长期均衡发展出发,我国生育政策应逐步从传统的管理、管制导向转为服务导向,从限制生育转向倡导自主生育的阶段,并吸收企业、社会团体、科研机构等多元力量,实现多元共治。当前,全面二孩政策效应已基本消失,出生人口总数跌入回落期。为了防止未来一个阶段人口总数呈现快速下降趋势,要尽快放开生育数量限制,满足有生育三孩及以上意愿人群的需要,促进人口平稳增长。另外,放开生育数量限制还意味着要尊重生育主体的多元生育行为。多生、少生、不生都是个体的多元选择,都应得到应有的尊重,尤其是要抵制社会上弥漫的征收"单身税""不生缴税"等荒谬言论。二是加强普惠性托育服务体系建设,健全婴幼儿发展政策。造成当前生育意愿较低、生育水平低的主要原因,除了生育、养育成本高之外,还存在婴幼儿家庭照护难的问题。婴幼儿的照护主要依靠夫妇及其父母,但随着父母年龄增大、健康变差,家庭照护负担加重,加上面临激烈的社会竞争和工作压力,年轻夫妇更难平衡工作和家庭。因此,要加快建

---

① 齐美东,戴梦宇,郑焱焱."全面放开二孩"政策对中国人口出生率的冲击与趋势探讨[J].中国人口·资源与环境,2016(9):1.

设政府主导、市场参与、民众可负担的普惠性托育服务体系和婴幼儿照护服务和早期发展政策。目前从顶层设计层面，急需健全普惠性托育服务体系的政策法规和制度规范；从具体操作层面，可根据各地区实际情况以幼儿园、社区或工作单位等积聚性强的地点为依托，建立集婴幼儿看护、早教、健康服务于一体的托育服务中心，以满足民众对便捷化托育服务的需求。另外，在兼顾普惠性托育服务的同时，也要适时鼓励社会资本进入以提供多样化的托育服务。三是构建配套衔接的生育支持政策体系，全方位降低生育养育成本。生育支持政策是由多个部门和多种社会力量配套衔接的综合性政策体系，在住房、税收、教育等直接影响家庭经济状况的领域，应设计有利于减轻多子女家庭经济负担的政策。如制定生育津贴、育儿补贴、儿童津贴制度，增强有子女家庭的经济能力；在住房购买、租赁方面制定优惠政策，向多子女家庭倾斜；在税收支持上考虑将3岁以下婴幼儿纳入个税专项附加扣除范围，减轻家庭税收压力；在教育宣传上，要引导消除就业市场对女性歧视的不公平现象，以及消除对非婚生育、单亲家庭的歧视，倡导全社会形成开放包容的社会文化。

（二）完善社会化养老服务体系建设

当前，我国社会人口老龄化进程加速，与之相伴的高龄化、空巢化、失能化情况也在加剧，社会养老服务需求急剧增加。近年来，积极应对人口老龄化的制度基础持续巩固，财富储备日益充沛，人力资本不断提升，科技支撑更加有力，产品和服务丰富优质，社会环境宜居友好，为养老服务体系建设完善打下良好基础。当前，我国养老机构数量不断增加，服务规模不断扩大，社区养老服务设施进一步改善，社区日间照料服务逐步拓展，居家养老服务网络初步形成。但是，仍然存在着缺乏统筹规划、总量不足、设施简陋、功能单一、发展不平衡、投入有限、专业化程度不高、优惠政策落实难、市场监管有待加强等问题，因此，完善社会化养老服务体系建设势在必行。一是大力推进发展养老服务产业。放宽养老服务领域的行业准入，规范引导民资、外资等各类社会资本进入养老服务产业，以引入国外资本、机构、先进经验，支持疗养资源转型发展养老服务。加快优化养老服务业结构，发展银发经济，提高老龄人口的消费能力，开发适老化技术和产品，培育智慧养老等新业态，让老龄人口红利得以充分释放，发挥老龄人口对需求的拉动作用。二是优化整合养老服务资源。创新医养结合的养老服务模式，促进医疗卫生资源、保健护理资源、健康管理资源引入养老服务领域，充分整合各类资源的专业优势，推动养老服务产业持续发展。另外，要整合利用存量资源发展社区嵌入式养老，着力推动社区公共设施适老化改造，推动专业养老服务机构向社区延伸。尽管我国嵌入式养老模式起步较晚，但已初步形成了以北京、上海、石家庄为代表的嵌入式模式。其中，北京模式依托其高效的政务服务效率和完整的养老相关专业人才团队，采用政府投入、专业法人机构运营的"公建民营"管理机制，其特色在于将社区卫生服务站嵌入养老服务机构内，与急救中心签订协议开通"绿色通道"，并由社区管委会负责管理。三是加强养老护理专业人才培养。当前，除了养老护理型床位硬件供给不足之外，我国养老服务失衡还表现为养老护理服务人员严重不足、养老护理人才短缺。同时，专业护理人员缺少专业知识和技能，导致专业服务水平一直处于较低水平，服务供给存在严重失衡，成为养老服务业发展的重要掣肘。因此，要建立完善养老护理员职业技能等级认定和教育培训制度，以提高养老护理员专业化水平、明确养老护理员职业发展路径，进一步提高养老服务的水平和质量。四是扩展养老服务覆盖范围。扩大农村互助养老院、五保供养、老年活动站、老年看护中心的覆盖面，并通过财政补贴、贷款贴息等方式提升这些机构服务能力和服务质量，同时提高农村养老金、五保供养标准，积极发展农村互助幸福院等互助性养老，强化对失能、部分失能特困老年人的兜底保障，完善经济困难高龄失能老年人补贴制度和特殊困难失能留守老年人探访关爱制度，以逐步提升老年人福利水平。

（三）完善流动人口社会融合政策

流动人口涉及人口学、社会学、劳动经济等学科的概念范畴，是指在我国户籍制度条件下，离开了户籍所在地到其他地方居住的人口。我国的流动人口主要是由农村流向城市、由经济欠发达地区流向经济发达地区、由中西部地区流向东部沿海地区。第七次全国人口普查结果显示，我国流动人口为37582万人。与2010年相比，流动人口增长69.73%。十年来，人口流动趋势更加明显，流动人口规模进一步扩大，未来一段时间我国人口高流动性迁徙将成为常态。

根据第七次全国人口普查数据，2020年中国城镇人口为9亿，城镇化率63.89%，较2010年上升了14.21个百分点。[1]其中户籍人口城镇化率为45.4%，这意味着接近2.6亿人没有城镇户口。户籍制度、文化认同、高房价等问题使这部分流动人口很难融入城镇生活。因此，伴随着城镇化进程的加快，外来流动人口与当地社会的融合问题凸显，如部分一二线城市面临的流动人口压力过大，流动人口在市民身份获得、社会福利、公共服务等社会权力获得方面受到的限制比较多；城乡"二元"格局仍未打破，造成阻碍流动人口城市融合的制度性障碍依然存在；流动人口经济融合面临高房价、低水平消费和劳动保护不足三大困境；公共服务保障问题仍是制约流动人口返乡和留城的主要因素。可见，流动人口社会融合水平仍然不高，在公共服务融合、经济融合、文化心理融合方面都存在障碍。伴随着新型城镇化进程的推进，流动人口对基本公共服务的需求及质量要求越来越高，要求融入城市社会的愿望越来越强烈。因此，完善流动人口社会融合政策势在必行。一是转变静态化社会治理思维，完善流动人口动态监测机制。在人口高流动迁徙常态化背景下，必须转变静态化社会治理思维，借助大数据技术对流动人口实施动态监测，统一流动人口统计口径，优化人口信息采集系统，并推动建立部门间、区域间人口信息实时共享机制，从而全面把握人口迁徙流动规律，摸清流动人口的构成及其内部的异质性特征，捕捉人口流动模式的变动趋势及驱动机制，这将为进一步有效推进流动人口城市融合夯实数据基础。二是优化流动人口落户政策，探索建立以经常性居住地登记户口制度。当前，我国户籍制度处于改革进程中，一

---

[1] 陆娅楠.第七次全国人口普查主要数据公布 人口总量保持平稳增长[N].人民日报，2021-05-12(01).

些大城市和特大城市落户政策的限制较为严格，流动人口的落户意愿与落户门槛之间存在一定矛盾，流动人口集聚的大城市居住证申领条件相对偏高，不利于解决流动人口公共服务保障问题。另外，当前人口登记制度对常住人口信息的反映明显不完整、不及时，无法在常态化管理中预判城市人口真实的公共服务需求，从而导致公共决策及规划的偏差。因此，一方面，对于流动人口落户意愿较低的城市，应实行更加宽松的落户制度，扩大落户制度覆盖的人口规模。另一方面，要在优化落户政策的基础上，推动户籍制度回归经常性人口登记制度功能，为进一步构建以居住地为基础的公共服务供给体系创造政策前提。三是完善流动人口基本公共服务高质量供给制度。近年来，大部分省市都在贯彻落实国家关于促进流动人口随迁子女教育、住房保障、基本公共卫生服务等权益均等化方面取得一定进展，尤其是随迁子女教育服务融合发展较快。根据《中国城市流动人口社会融合评估报告》数据显示，被评估的50个城市的流动人口随迁子女教育状况总体较好，特别是义务教育阶段在学率的平均值达到97.62%，学前教育阶段在学比例是73%，高中教育阶段在学比例是74.7%。但在流动人口异地就医费用报销方面，各地区政策推进速度较慢。各地区应选择条件符合的城市开展异地就医政策示范试点，并着力加强流动人口医疗保险权益保障政策体系建设，加快推进跨省就医费用的核查和协保工作。另外，住房是彰显流动人口城市归属感的重要标志，流动人口在流入地获得住房的难易程度是衡量该地区住房保障水平的重要指标。因此，完善流动人口基本公共服务高质量供给制度还需得到住房保障领域的配套制度改革的支持，尤其是主要针对流动人口的保障性租赁住房建设应加快进程。为了更好地满足流动人口的住房需求和适应房地产去库存政策要求，保障性租赁住房可重点利用存量土地和房屋来进行建设或改建。具体来说，在土地供应上，除了可利用集体经营性建设用地、企事业单位自有土地，还可以适当利用产业园区的配套用地和新供应国有建设用地；在房屋改建上，闲置和低效利用的商业办公用房、厂房等可改建为保障性租赁住房；在住房标准上，保障性租赁住房建设坚持小户型、低租金原则，以不高于70平方米且低于周围市场租赁住房租金的标准向社会供应。另外，为保证保障性租赁住房建设的连续性，资金保障也尤为关键。一方面，保障性租赁住房建设资金来源于中央和地方的专项补助，分别是中央财政补助城镇保障性安居工程专项资金和地方政府发行的专项债券。另外，目前保障性租赁住房项目也被纳入国家发展改革委部署的基础设施REITs（房地产信托投资基金）试点扩容工作中，以发挥市场机制扩大房源的有效供给。另一方面，加大对保障性租赁住房建设的信贷支持力度，确保保障性租赁住房自持主体能获得长期贷款。同时发行专项金融债券，将募集资金用于保障性租赁住房建设贷款的投放。根据《"十四五"公共服务规划》和国家住建部初步统计，2021年人口流入多、房价较高的40个重点城市新筹集保障性租赁住房93.6万套，"十四五"期间，40个重点城市初步计划新增650万套（间），预计可帮助1300万新市民、青年人等缓解住房困难。[1]

三、创新高质量城镇化发展体制机制

习近平总书记在2013年召开的中央城镇化工作会议上指出："城镇化是现代化的必由之路。""十三五"时期，1亿人进城落户任务提前完成，1亿多农业转移人口自愿有序实现了市民化，[2]相当于每年有2000万人进入城市就业和生活。可见，城镇化是我国最大的内需潜力所在。推动以人为本的新型城镇化发展，是我们坚持扩大内需战略基点的重要支撑，也是扩大消费需求的倍增器和拉动有效投资的加速器。在高质量发展背景下，对于城镇化的关注点不再是速度的快慢或水平的高低，而是质量高不高。当前，我国城镇化质量并没有与城镇化率同步提升，存在发展质量不高的问

---

[1] 央广网.住建部："十四五"期间40个重点城市计划新增保障性租赁住房650万套[EB/OL].(2022-01-11)[2022-06-20]. http://m.cnr.cn/fc/20220111/t20220111_525712630.html.

[2] 董碧娟."十三五"期间1亿多农业转移人口自愿有序实现了市民化——如何让1亿新市民留得住过得好[N].经济日报，2020-10-26(07).

题，主要表现在农业转移人口市民化严重滞后、大中小城市协调发展格局尚未明确、城镇化地区发展不平衡、城镇化缺乏产业支撑、城镇治理能力不足等。因此，提升城镇化发展质量，使人民群众享受更高品质的城市生活，持续释放城镇化进程中的内需潜力，应深入分析经济新常态下我国城镇化发展变化的趋势，充分论证经济结构性改革与新型城镇化建设的内在联系，精准把握在新型城镇化进程中推进经济结构性改革的着力点，以新型城镇化带动投资和消费需求，深化体制机制改革与创新，加快培育新的发展动能。

（一）加快农业转移人口市民化体制机制改革进程

新型城镇化是以人为本、追求人的自由全面发展的城镇化，因此，要大力推进农业转移人口市民化，提高户籍人口城镇化率，积极促进有能力在城市生存和稳定生活的农民工向真正的产业工人和城市市民转变。习近平曾指出："实现1亿人在城镇落户意义重大。从供给看，在劳动年龄人口总量减少的情况下，对稳定劳动力供给和工资成本、培育现代产业工人队伍具有重要意义。从需求看，对扩大消费需求、稳定房地产市场、扩大城镇基础设施和公共服务设施投资具有重要意义。实现这个目标，既有利于稳定经济增长，也有利于促进社会公平正义与和谐稳定，是全面小康社会惠及更多人口的内在要求。"[1]到"十三五"末期，我国顺利完成1亿农业转移人口和其他常住人口在城镇落户的目标，新增城镇就业超过6000万人。"十四五"时期，要进一步健全农业转移人口市民化配套体系，力争实现常住人口城镇化率达到65%。要实现这一目标，需协调各方面利益关系，加强不同地区、不同层级政府之间分工协作，从户籍准入、社会保障、住房就业、子女教育等多角度同步推动农业转移人口市民化的成本分担和利益协调机制，系统、综合地推进改革。一是加大户籍制度改革力度。进一步扩大居住证覆盖的基本公共服务范围，健全与参加社会保险年

---

[1] 习近平.关于《中共中央关于制定国民经济和社会发展第十三个五年规划的建议》的说明[N].人民日报，2015-11-03(01).

限、居住年限等条件相挂钩的基本公共服务提供机制，确保同城同待遇。以此为基础，分类推进积分落户制度改革。除需要控制人口规模的特大城市外，各地应逐步放宽或限期取消积分落户政策。另外，加快完善城市群、都市圈内部居住证互认转换制度，促进区域内劳动力要素自由流动和高效配置，最大限度地激发被抑制的人口存量红利。逐步完善城乡统一的户籍登记制度、居民居住证制度和积分入户制度的接续机制，有序引导农民工等流动人口进城落户；在社会保障制度改革方面，尽快制定区域统一标准，实现社会保险金的无障碍跨省转续，同时提供多层次、多样化的社会保险产品，加快推进社会保障全覆盖。

（二）积极构建城乡土地集约高效配置的体制机制

土地的集约利用和高效配置是生态文明建设的根本方针，也是新型城镇化的必然选择。根据2021年8月26日国家自然资源部公布的第三次全国国土调查结果显示，全国建设用地总量6.13亿亩，较第二次全国国土调查时增加1.28亿亩，增幅26.5%，同期国内生产总值增长109.4%，常住人口城镇化率从48.34%提高到62.71%，[1]建设用地的增加与经济社会发展的用地需求总体相适应。但用地节约集约程度不足问题依然突出，城镇建设用地总规模达到1.55亿亩，一些地方存在大量低效和闲置土地；全国村庄用地规模达3.29亿亩，存在用地总量大且布局不合理问题。因此，城乡土地集约高效配置的空间和潜力仍然很大。新型城镇化建设要根据环境承载能力在空间上优化配置资源要素，科学规划城市框架规模，正确处理城市建设用地与农业用地的矛盾关系，深刻把握新型城镇化进程中推进土地供给侧结构性改革的关键点，改变土地资源粗放利用状况，提高土地资源利用效率，积极构建城乡土地集约高效配置的体制机制。一是深化土地有偿使用制度改革，构建土地市场价格机制。加强对各类建设用地有偿使用的制度改革，缩小供地划拨范围，尤其是加强对国有土地有偿使用的管理。加快构建土地市场价格机制，通过价格杠杆激励土地集约使用。提高工业

---

[1] 数据来源：第三次全国国土调查主要数据公报。

用地价格标准，完善合理调节工业用地与居住用地的比价机制，以合理分配居住用地与工业用地的比例结构。上调有利于集约用地的租金价格，并根据用地单位所属产业类型和生产经营周期来确定土地租用期限和用地量，以避免工业企业长期占用大面积土地。二是优化存量土地盘活利用政策，实施城镇低效用地再开发。盘活城镇低效用地是促进土地有效供给的重要手段，有助于释放更多的空间资源。根据国家自然资源部统计数据，"十三五"期间，先后在上海、江苏、浙江、内蒙古等10个省（区）开展了城镇低效用地再开发试点，预计改造开发600万亩城镇低效用地，促进单位国内生产总值建设用地使用面积降低20%。[①]"十四五"时期，要进一步总结试点经验，更集约高效地盘活利用存量土地。一方面，在坚持严格的生态环保制度和节约用地制度的基础上，结合各级国土空间规划战略和城市功能定位目标来统筹规划城镇低效用地的再开发，主要以第三次全国国土调查划定的低效和闲置土地为再开发对象，通过政府收储改造、原土地使用权人改造、原农村集体经济组织改造、市场主体改造等多样化模式，并统筹考虑历史文化传承、公共卫生安全、土壤污染防治、地下空间开发利用等功能性因素，对城镇用地中国家产业政策规定的禁止类、淘汰类、限制发展类产业用地及不符合安全生产和环保要求的用地，布局散乱、设施落后、环境脏乱的老城区、城中村、棚户区、老工业区、老旧小区等用地以及土地利用和综合产出低下的用地，进行改造、更新、优化、升级，从而为我国经济结构性改革提供高质量的土地要素支撑。另一方面，健全低效用地再开发的配套政策。针对低效用地改造开发动力不足、企业退出低效用地难等问题，各级政策应改变过去"重增量、轻存量"的惯性思维，通过加强规划保障，健全增存挂钩奖励机制、加大财政金融支持力度、强化倒逼促改措施、发挥市场配置资源作用、支持加快转型升级、鼓励异地搬迁改造等配套政策。低效用地退出后，通过发挥市场配置资源作

[①] 光明网."增存挂钩"加快盘活城镇存量土地[EB/OL].(2020-10-28)[2022-06-20].https://m.gmw.cn/baijia/2020-10/28/1301729698.html.

用、拓宽土地储备资金渠道等,促进存量资源有效盘活和系统整体开发。另外,针对城镇低效用地再开发拆迁补偿安置、建设成本较高、改造难度大的实际困难,完善利益导向机制,以鼓励原土地权利人、企业等市场主体和社会力量参与再开发。同时,增加对现代服务业土地使用的有效供给。统一规划城乡闲置土地,减少对钢铁、水泥、煤炭、化工等产能过剩行业的土地供给,着力化解房地产库存积压问题,增加对科技、教育、文化、医疗、养老等现代服务产业及高新技术产业的土地供给。三是建立健全城乡统一的建设用地市场。由于我国城乡土地长期实施双轨制,导致城乡土地二元结构并立,从而带来了城乡土地增值收益分配不均等一系列问题。伴随着城镇化进程的加快,土地要素价值不断彰显,被征地农民与地方政府之间、土地结算收益的归属和公平分配、农户之间土地补偿不公平等围绕土地利益的矛盾不断凸显。因此,为推动城乡统筹发展、维护农民利益、缓解城市建设用地紧张,必须建立健全城乡统一的建设用地市场,以进一步激发农村土地要素活力,实现城乡土地要素与资本劳动等要素有机融合。一方面,明确土地产权关系,推进土地流转制度改革。明晰土地所有权、使用权关系是发挥市场机制调节作用、保障市场交易安全的重要前提。要通过农村土地摸排调查,加快完成集体土地所有权、使用权的登记,依法确定集体土地的权属,明确集体土地所有权、使用权主体,从而为有效推进农村宅基地等集体建设用地流转制度改革打下基础。另一方面,完善城乡建设用地价格形成机制,探索土地入市收益分配制度。以解决土地价格技术测算为基础,建立入市交易土地成本价格的测算机制,以建立城乡一体的土地级别和基准地价,实现集体经营性建设用地与国有建设性用地同等入市、同权同价。与此同时,要解决好土地增值收益分配问题。合理界定参与分配的人员、集体经济组织,并科学设置土地增值收益分配调节金计算和分成比例,以确保农民公平地分享土地增值收益,维护保障好农民权益。

(三)实施差异化政策促进城镇化空间布局重构

城镇化的过程是一个国土空间再优化的过程。随着城市规模的不断扩大、功能性不断增强，城市空间逐渐由孤立的城市向多中心、网络化、开放式、集约型的城市群或都市圈演变。"十三五"中后期，我国城镇空间布局呈现一些新特征，如空间布局结构协同化增强、人口流动方式更加多元化、就地就近城镇化趋势明显、一二线城市发展呈现极化效应、都市圈加快形成等。因此，"十四五"时期，要根据城镇化空间变化规律和全国国土空间规划纲要确定的建设用地规模，结合区域协调发展战略、主体功能区战略、乡村振兴战略等国家战略部署对城镇化空间布局的具体要求，有针对性地提出不同地区的差异化策略，分类引导大中小城市和小城镇发展方向和建设重点，形成疏密有致、分工协作、功能完善的城镇化空间格局。一是因地施策，推动城镇化空间布局多元化发展。不同地区的资源环境禀赋、人口分布、国土安全、发展阶段、产业结构异质性等因素决定了其对国土空间治理需求的差异化，也决定了我国城镇化空间供给的多元化发展趋势，主要体现在：从城市群、都市圈、中心城市、县城到小城镇的空间规模的层次性，以及智慧城市、低碳城市、科技创新走廊、特色小镇、未来社区等依托新业态的空间功能性。随着人口、资源、创新等要素组合匹配的多样性，城镇化空间布局形态的多元化趋势将更加明显。二是共建共享，增强城镇化空间结构协同性。一方面，完善城市群、都市圈统筹协调发展机制和成本共担利益共享机制。通过对资源环境承载力和国土空间开发适宜性评价，识别区域资源禀赋和重要生态系统，提出城镇发展的承载规模和适宜空间。在此基础上，建立城市群、都市圈一体化推进协调机制，加强各领域各层级交流互动，建立常态化协调协商机制，坚持省级统筹、市县落实的工作机制。深化重大平台、基础设施、生态环保、社会民生等领域合作。如在公共服务一体化方面，创新服务方式，推动城市群、都市圈内政务服务"跨城通办"，加强政务服务数据分享，共同提升政务服务标准，实现企业和市民跨市异地政务服务高效通办，在交通衔接、社保迁移、落户积分等方面实现数据信息互通共享。在基础设施一体化方面，推动建设"轨道上的都市圈"和1小时交通圈，主要以中心城市为枢纽，优化辐射城市群内各重要支点的城际铁路、城市轨道服务网络。三是优化城镇化空间互促功能,增强耦合互动效应。一方面,优化重组超大特大城市功能布局,开拓发展新空间。因承担大量功能和人口聚集带来的交通拥堵、资源过载、环境污染等问题,增加了超大特大城市治理的风险,应在兼顾经济发展、生活便民、生态优美、公共安全等多元需求的基础上,合理降低开发强度和人口密度,从严控增量和疏解存量双向发力,优化重组超大特大城市功能布局。北京在有序疏解非首都功能存量、协同京津冀区域发展上取得突破性进展,发挥了典型示范作用。如推进实施一批标志性疏解项目、不断完善疏解激励约束政策。对高校、医院、央企总部、制造企业等非首都功能疏解项目,制定项目可研、设计、概算、风险评估等具体实施办法,明确路线图、时间表,做到成熟一批、实施一批,以确保社会和谐稳定。同时及时调整完善教育、医疗卫生、社保、住房等支持疏解的激励约束政策,增强了雄安新区对承载疏解项目、人员的吸引力,也为北京高质量发展创造了更大空间。2014年至今,已有20多所北京市属学校、医院向京郊转移,疏解一般制造业企业累计约3000家,疏解提升区域性批发市场和物流中心累计约1000个。[①]同时非首都功能的疏解也在不断优化北京经济结构,科技创新、信息技术等新产业新设市场主体占比从2013年的40.7%增长至2020年的60%。人口规模也得到调控,2020年北京常住人口达2189.3万人,实现了人口数量控制在2300万人的目标。[②]另一方面,大中城市立足特色资源和产业资源,打造宜居宜业环境。相比较于超大特大城市,大中城市具备相对低成本优势,可因地制宜依托产业基础和特色资源承接功能疏解和产业转移,集聚产业规模效应,为产业集群化发展夯实基础。以满足人们对公用设施便利性、安全性的需求,优化市政公共设施布局及功能。为三级医院、高等学校在大中城市布局、支持优质教育医疗资源下沉创造政策条件。另外,在当前消费不断升级、消费新趋势

---

① 彭飞.推动京津冀协同发展迈上新台阶(评论员观察)[N].人民日报,2021-03-24(05).

② 中国经济网.推进北京非首都功能疏解取得新突破[EB/OL].(2021-08-02)[2022-06-20]. http://district.ce.cn/newarea/roll/202108/02/t20210802_36769446.shtml.

不断呈现的阶段,大中城市应通过搭建具有文化底蕴、科技元素的现代化消费场景来引领消费潮流,激发消费潜力,在打造宜居宜业城市环境的同时,培育新的消费需求动力源。四是统筹乡村振兴战略,推动县域城镇化发展。县城是连接城市和乡村的重要空间单元,是驱动县域经济发展的增长极,在县域城镇化发展中发挥统领作用。当前,我国县城发展面临一些短板和弱项,在产业基础、公共服务、基础设施、生态环境等方面亟待提质升级。一方面,实施差异化发展策略,增强县城的综合治理能力和县域经济核心竞争力。由于区位、资源禀赋等基础条件千差万别,县城发展分化极化现象比较明显。应重点支持处于农产品主产区、重点生态功能区且以特色产业为依托的县城发展。如作为吉林省直管县级市的梅河口市,处于吉林省东部和中部的核心节点,基于健康食品、医药产业、生态环境三大主要优势,以深厚的农业特色产业和持续增长的医药健康产业为支撑,促进生态旅游业和现代商贸物流业的快速崛起,坚持以规划政策引领,从全民健康的高度,将健康中国战略融入经济社会发展政策体系中,并在放宽市场准入、简化审批服务、加强财税和投融资支持、提供用地保障、推进技术创新等方面进一步加大对健康医疗服务业的政策扶持,形成了独具特色的大健康产业体系,促进了大健康产业与新型城镇化、乡村振兴战略深度融合,积极打造涵盖全产业链、全领域的健康平台,形成以大健康产业带动周边城市共同发展的区域一体化发展格局,县域经济综合发展水平连续六年保持全省第一位。另一方面,强化配套政策支撑,增强县城人口吸纳能力。县城凭借其人口转移半径短、农民进入门槛低等比较优势,对农村转移人口有一定吸引力,但是由于就业条件、公共服务、产业支撑等条件限制,与大中城市相比,农村转移人口落户县城的意愿仍不高。应加快推进县城的建制镇体制向城市管理体制转变,并建立以居住证为载体的城镇基本公共服务供给机制,推进农业转移人口落户县城就业创业,以优惠政策鼓励农业转移人口在县城购房。同时制定投资融资优惠政策,积极推广政府与社会资本合作模式(PPP),创新投融资机制和模式,鼓励和引导大中城市的工商企业、教育、医疗机构和社会资本在县城投资发展,如推动省级优质医疗机构在县城设立分支机构，以吸引鼓励各类人才和农业转移人口返乡就业创业。

第三节 优化产业政策体系框架

产业政策是经济结构性改革的重要工具。国际经验表明，无论是发达的市场经济国家，还是后发赶超国家或转型国家，都在其经济发展过程中不同程度运用产业政策，来实现市场机制与政府作用的平衡，进而促进产业结构转型升级和产业竞争力的提升。改革开放以来，中国积极运用产业政策并发挥其在产业结构调整、产业组织、产业布局和产业竞争领域的重要作用，产业发展取得了明显成效。但近年来，中国经济发展进入新常态以来，随着国内产业体系的不断完善和国际产业分工的不断变化，产业政策实施中的一些不适应新时期产业发展新态势、新要求的弊端也逐步暴露出来，在这种背景下，要想占据产业发展升级的新高度、拓展产业发展的新局面，就需要对现有产业政策体系进行客观评价的基础上，进一步调整产业政策体系框架，探索新的产业政策方向。

一、健全产业竞争机制和监管机制

公平的竞争环境是产业政策有效运行的基础，因此，产业政策体系至少应包含能够维持市场经济秩序正常运转的市场竞争机制和市场监管机制。一是完善产业竞争机制。具体措施包括：减少产业管理部门对微观经济不必要的直接干预，尤其是杜绝试图主导产业资源配置和产业发展方向的行为，在尊重市场机制的前提下积极作为，努力弥补市场失灵问题；打破区域和部门间分割的机制，鼓励企业自发通过横向或纵向一体化来优化产业内的市场结构，同时着力产业中关联度性高的环节之间的融合，提高产业整体竞争力和经营绩效。二是完善产业监管体系。促进产业发展质量和效率的提升需要辅以更加完善的监管体系，才能满足新时期产业转型升级的需要。产业监管体系应覆盖产业发展的各个领域，包括资源利用、安全生产、产品质量、技术研发、信息安全、环境保护等，同时在每一个领域都应构建多层次的监管机构，主要包括政府直属监管部门、下属监管机构以及协会、商会等具有监管功能的民间组织，各类机构监管范围有所侧重，明确分工，各司其职。另外，应丰富多样化、多种形式的监管手段，包括立法，健全规章制度，建立国家及行业企业标准，完善事前预防、事中监管及事后补救措施等。如在产品质量监管方面，各行业应尽快建立与国际接轨的缺陷产品召回与赔偿制度。

二、变革产业准入配套政策

产业准入制度是我国产业政策体系的重要组成部分。长期以来，我国产业准入政策都是以产业准入目录、产业准入标准等形式直接规定了产业发展的重点领域和方向，尽管其在一定程度上促进了产业的发展，但这种形式的产业准入政策也容易扭曲市场行为，不利于资源要素的合理流动与优化配置。随着经济全球化、贸易自由化进程的加快推进，应更多地以"法不禁止即自由"的负面清单方式来调整我国产业政策的方向和思路，引导产业附加价值、创新绩效、核心竞争力等指标的提升，同时产业负面清单模式也有利于转变政府职能、营造市场主体平等竞争的环境。按照"非限制即许可"原则，"负面清单"型产业准入配套政策体系应包含四项清单和两项标准，即负面清单、准许清单、政府权力清单、企业失信清单与行业能耗限额标准及产业污染物排放标准（主要内容、实施方式及功能见表5.1）。该产业准入政策体系通过明确投资主体与政府的分工和权力边界，发挥市场在资源配置中的决定性作用，变革产业政策体系思路方向。

表5.1 "负面清单"型产业准入配套政策体系

清单或标准	主要内容	实施方式	功能作用
负面清单	国家产业结构调整目录中淘汰类和限制类项目，各地区结合产业发展和地区战略的要求禁止准入的部分行业	事前告知	告知企业禁止投资的行业及区域，把投资的决策权和选择权交还给企业
准许清单	保留部分核准事项，对目录内的项目，政府只审查产业政策、节能环保、公共安全等外部条件	事中准许	在特定行业中，告知企业具体投资管理方式，对企业进行条件审查
政府权力清单	将政府部门行政审批事项、程序和收费标准逐项细化	事前公布	实现政府管理"法无授权不可为"
企业失信清单	强化事中、事后监管，建立投资活动参与主体的"失信黑名单"	事中、事后监管	完善责任追究制度，将监管方式由事前审批向事中、事后监管转变
行业能耗限额标准	三级能耗指标：能耗限额先进值、能耗限额准入值和能耗限额限定值。新建企业或企业改扩建生产线必须达到"能耗限额准入值"；现有企业未能达到"能耗限额限定值"，其生产线将被强行整改或停产	事中动态补充	在事中通过监管，对不达标的企业，比照负面清单目录类行业进行管理。将严重超标的企业纳入企业失信清单
产业污染排放物标准	将污染物排放限值分为直接排放和间接排放两类，新进企业排污量不得超过限值	事中动态补充	在事中通过监管，对不达标的企业，比照负面清单目录类行业进行管理

资料来源：陈升、李兆洋，《产业负面清单制定及其管理模式研究》，《中国软科学》，2014年增刊，第251页。

三、促进产业政策向普惠化和功能性转型

从世界工业化发展历史来看，产业政策是一国快速推进工业化使用最广泛的政策工具。尤其是后发国家出于实现经济追赶和产业升级的目

的，加之受限于各种约束条件和市场调节失灵，会运用一些产业政策工具聚集有限资源来发展特定产业。当其实现了经济快速增长和对领军者的追赶时，就会减少使用产业政策工具，而更多注重使用保护市场机制作用、规范市场竞争行为的竞争政策和提升科技研发能力的创新政策。经过长期的政策实践，我国的产业政策已发展为包含产业结构政策、产业组织政策、产业布局政策、产业技术政策等各类政策在内的一套动态调整的政策体系。我国产业政策的实施，一方面，有利推进了我国工业化进程和产业结构的转型升级；另一方面，也在一定程度上影响公平竞争的市场机制的形成和创新能力的培育。伴随着我国社会主义市场经济体制改革的不断完善，逐步推动选择性产业政策向功能性产业政策的转型，不断强化竞争政策的基础性地位。从党的十八届三中全会明确提出"使市场在资源配置中起决定性作用和更好地发挥政府作用"到2018年12月中央经济工作会议首次明确提出"确立竞争政策的基础性地位"，再到《关于新时代加快完善社会主义市场经济体制的意见》提出"推动产业政策向普惠化和功能性转型"，都体现出我国正在着力推动基于竞争政策基础性地位的产业政策转型。一是根据竞争性原则推进产业政策转型。过去以产业补贴或扶持为导向的差异化、选择性产业政策产生一系列负面效应，如不公平竞争、产业发展不平衡、技术进步乏力、要素成本上升、环境污染加剧等，已严重制约我国经济的高质量发展。因此，随着经济体制改革深入推进和政府职能转变，产业政策目标转型应当从以产业扶持为主转向以维护竞争为主。二是推动形成全国统一开放、竞争有序的市场体系，推动产业政策实现普惠化。破除制约市场竞争的各类障碍和隐性壁垒，营造各种所有制主体依法平等使用资源要素、公开公平公正参与竞争、同等受到法律保护的市场环境。如2020年8月和11月，为支持疫情后复工复产，促进服务业扩大开放、科技创新和数字经济发展，北京市分两批推出普惠性产业政策工具应用指南，主要针对企业反映较多的社会融资、高新技术企业认证、中小企业优惠、创新创业扶持等问题进行政策梳理，聚焦金融服务业、科技服务业、信息服务业、文化创意产业、商务服务业、养老家政服务业等领域，以助

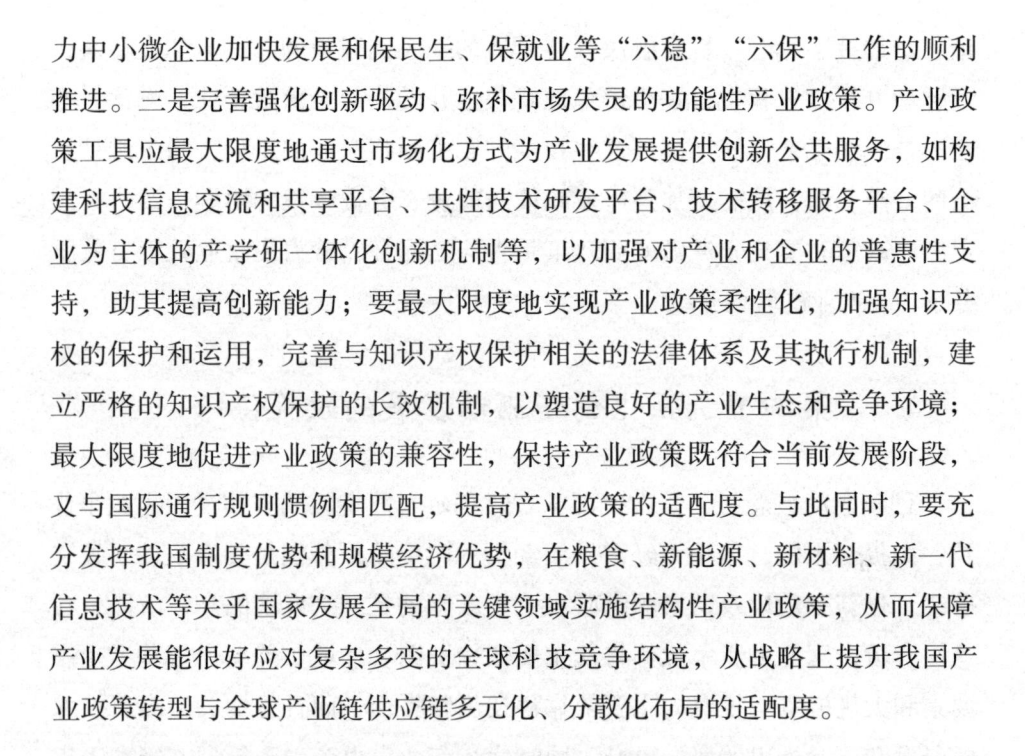

力中小微企业加快发展和保民生、保就业等"六稳""六保"工作的顺利推进。三是完善强化创新驱动、弥补市场失灵的功能性产业政策。产业政策工具应最大限度地通过市场化方式为产业发展提供创新公共服务，如构建科技信息交流和共享平台、共性技术研发平台、技术转移服务平台、企业为主体的产学研一体化创新机制等，以加强对产业和企业的普惠性支持，助其提高创新能力；要最大限度地实现产业政策柔性化，加强知识产权的保护和运用，完善与知识产权保护相关的法律体系及其执行机制，建立严格的知识产权保护的长效机制，以塑造良好的产业生态和竞争环境；最大限度地促进产业政策的兼容性，保持产业政策既符合当前发展阶段，又与国际通行规则惯例相匹配，提高产业政策的适配度。与此同时，要充分发挥我国制度优势和规模经济优势，在粮食、新能源、新材料、新一代信息技术等关乎国家发展全局的关键领域实施结构性产业政策，从而保障产业发展能很好应对复杂多变的全球科技竞争环境，从战略上提升我国产业政策转型与全球产业链供应链多元化、分散化布局的适配度。

四、促进产业政策与经济社会政策相协调

中国经济进入新常态阶段以来，经济增长动力、政府与市场关系、资源要素结构都发生了重大变化，导致产业发展中出现了一些新的制约因素，单单依靠产业政策的影响难以支撑产业的发展与转型升级，还需要兼顾其他经济社会相关政策的协调与配合，发挥政策合力作用，才能促进产业竞争力提升、宏观经济稳定、社会安定和谐等经济社会整体目标的实现。一是加强产业政策与财政、货币政策之间的协调性。财政政策与货币政策是宏观经济政策的重要手段，这两项政策作用的发挥有利于引导资源优化配置和经济结构的调整，若配合产业政策共同施行，将极有助于产业结构的调整与升级。因此，在新常态背景下，财政政策与货币政策取向要充分服务于新时期产业转型升级、新兴产业发展的新任务与新要求。二是发挥产业政策与社会政策的协同作用。社会政策是指能够促进社会稳定和

谐、增加社会福利、旨在解决社会矛盾的一系列政策的总称。如在传统产业转型升级的过程中，不可避免地要关停并转一部分落后企业，淘汰一些落后技术和工艺，使得掌握这些技术的职工面临失业的风险，为了维持社会的安定和谐，就需要加强产业政策与就业、劳资政策的协调一致，在制定产业政策时要充分考虑就业政策是否与之配套，着力使就业政策有效服务于传统产业的转型升级。

第四节　强化创新驱动发展的政策供给

创新驱动概念最早是由美国学者迈克尔·波特在其著作《国家竞争优势》中提出来的，他认为经济发展经历的四个阶段分别是要素驱动、投资驱动、创新驱动以及财富驱动阶段。创新驱动是经济发展的高级阶段，在这一阶段，国家的竞争优势将从主要依赖资源、环境、劳动力等基本生产要素和大规模资本投资向主要依靠科技创新转变，而且更加关注高新技术的研发和要素产出效率的提升，同时优势产业也由劳动密集型、资本密集型产业演变为技术知识密集型产业。一方面，从国内发展来看，进入经济新常态以来，我国发展资源环境约束不断增强、人口红利逐渐弱化，以劳动、资本等有形要素的投入为支撑的粗放式经济发展方式的不可持续性逐渐凸显，经济发展中的体制性、结构性问题与矛盾集中凸显，迫切需要实现我国经济增长动力向创新驱动加速转换。另一方面，从国际环境看，新一轮科技革命和产业变革的深入推进以及与经济社会发展的深度融合，使得科技创新成为推动国际格局演变的重要变量。数字技术、量子科技、新能源、新材料等领域的研发实力竞争成为世界主要经济体国际战略竞赛的核心，深度影响着国际力量对比。尤其是近年来美国推行贸易保护主义、单边主义政策，通过加强对华出口管制、限制中企在美投资、强行割裂全球产业链供应链、限制科技人才交流等措施挤压我国科技创新空间。在大国竞争加剧的严峻形势下，使得我国科技创新领域的结构性短板更加突出。因此，习近平总书记深刻指出："实践反复告诉我们，关键核心技术是要不来、买不来、讨不来的。"[1]"中国要强盛、要复兴,就一定要大力发展科学技术,努力成为世界主要科学中心和创新高地。"[2]因此,创新驱动是全球大势所趋,科技自立自强是国家命运所系,继要素、投资之后,创新将成为我国经济增长的主要推动力,并带动劳动、知识、技术、管理、资本等要素竞相迸发新的活力。如何提升我国经济发展活力、内生动力和整体竞争力,如何提升我国供给体系的科技创新力,是实现经济结构性改革目标的关键,创新驱动无疑是我国现代化强国建设的核心内容。

一、完善关键核心技术攻坚的新型举国体制

2021年5月28日,习近平总书记在两院院士大会、中国科学技术协会第十次全国代表大会上发表重要讲话,指出:"要健全社会主义市场经济条件下新型举国体制,充分发挥国家作为重大科技创新组织者的作用。"[3]"十四五"规划和2035年远景目标纲要也明确指出,健全社会主义市场经济条件下新型举国体制,打好关键核心技术攻坚战。集中力量办大事的举国体制是过去我们取得重大科技突破的重要法宝。在社会主义市场经济条件下,注重政府与市场有机集合、科学统筹、集中力量、优化机制、协同攻关的新型举国体制依然是我们推进科技创新的重要抓手。近年来,新型举国体制的优势在核心技术攻关上的作用得到充分彰显,2019年嫦娥四号月球探测器实现了人类历史上第一次在月球背面软着陆和巡视勘察,开启了人类探索宇宙奥秘的新篇章。习近平总书记称赞这是探索建立新型举国体制的又一生动实践。在当前国际科技竞争日益激烈的情况下,聚焦"卡脖子"清单、突破关键核心技术限制、实现高水平科技自立自强

---

[1] 习近平.努力成为世界主要科学中心和创新高地[J].求是,2021(06):4.
[2] 习近平.努力成为世界主要科学中心和创新高地[J].求是,2021(06):4.
[3] 中国政府网.两院院士大会中国科协第十次全国代表大会在京召开 习近平发表重要讲话[EB/OL].(2021-05-28)[2022-06-20].http://www.gov.cn/xinwen/2021-05/28/content_5613702.htm.

是建设科技强国的必由之路。

（一）强调市场机制作用，建立"政产学研用"深度融合的协同攻关模式

攻克面向世界科技前沿、面向经济主战场、面向人民美好生活需要、面向国家重大战略性需求的关键核心技术，完全依靠政府行政手段，或者全部交由市场决定，都是不可取的。新型举国体制强调市场机制和政府调控的有机结合，既要善于运用市场手段，又要发挥政府集中优势资源办大事的作用，形成政府、企业、高校、科研机构及用户共同参与的"政产学研用"深度融合的协同攻关模式。在这一模式下，政府要转变过去单一主体的管理组织模式，重点做好国家重大科技创新战略的顶层设计，统筹协调各方力量，做好社会动员，以为市场作用的充分发挥提供根本保障，并通过市场需求引导创新资源的有效配置，从而形成共同发挥优势作用的强大合力。在构建"政产学研用"深度融合的协同攻关模式的过程中，要注重发挥中央企业、大型国有企业的担当作用，承担起新型举国体制构建组织者、引领者的角色。尤其是面对攻坚难度较大、投入周期较长、政策和市场风险不确定的"卡脖子"关键核心技术瓶颈，民营企业等体制外的参与主体难以承受这样持续性的高强度研发，这就需要国有企业基于国家使命和国有资本功能定位，与国家整体战略同频共振，树立全局意识，承担非常规战略任务，确保国有企业发挥重要战略科技力量的作用，以支撑关键核心技术攻坚的新型举国体制落地。"十三五"时期，国有企业对标世界领先技术创新能力提升行动持续推进，取得一批世界先进科技创新成果，提高了我国综合国力。根据2021年5月国务院国资委发布的《中央企业科技创新成果推荐目录（2020年版）》，包括核心电子元器件、关键零部件、分析测试仪器、基础软件、关键材料、先进工艺、高端装备以及其他8个领域共178项技术产品实现研发突破。然而，面对复杂多变的全球创新竞争形势，国有企业还应积极探索新型举国体制下创新能力的持续提升。根据国务院国资委前瞻产业研究院统计数据显示，中央企业从事研发人员近百万人，两院院士229人，国内外研发机构数量达到4360个，国家重点实验

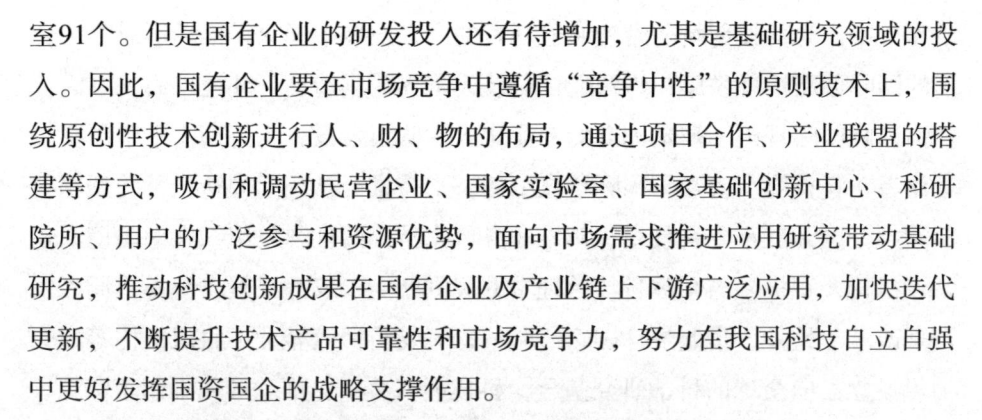

室91个。但是国有企业的研发投入还有待增加，尤其是基础研究领域的投入。因此，国有企业要在市场竞争中遵循"竞争中性"的原则技术上，围绕原创性技术创新进行人、财、物的布局，通过项目合作、产业联盟的搭建等方式，吸引和调动民营企业、国家实验室、国家基础创新中心、科研院所、用户的广泛参与和资源优势，面向市场需求推进应用研究带动基础研究，推动科技创新成果在国有企业及产业链上下游广泛应用，加快迭代更新，不断提升技术产品可靠性和市场竞争力，努力在我国科技自立自强中更好发挥国资国企的战略支撑作用。

（二）整合全球创新资源，优化我国创新资源布局

发展科学技术是造福全人类的事业，科学研究的成果应惠及全人类。人类社会处于百年未有之大变局，全世界各国共同遭遇气候变化、生态环境恶化、能源短缺、粮食安全、重大传染性疾病等错综复杂的全球性问题，这就需要各国以面向未来的战略眼光，通过加强广泛的、大规模的全球技术研发合作、提高创新资源共享来沟通和解决这些问题。因此，完善社会主义市场经济条件下关键核心技术攻关的新型举国体制也需在开放环境下实现自主创新与开放创新的辩证统一，主动布局和积极对接全球创新资源，在实现自身发展同时推动技术创新能力在全球范围均衡发展。一是积极参与规则制定，提高全球创新规则治理能力。改革开放以来，由于自身技术研发能力不足，我国长期作为现代科技的跟随者和后发者，在全球创新资源获取和整合方面处于不利地位，不得不采取"市场换技术"策略被动遵守发达国家制定的技术标准和规则。伴随着我国科技水平的提升和技术研发国际合作的深入推进，我国逐步开始参与国际科技创新规则的全球治理。然而，这也使长期处于国际规则制定主导地位的美国等少数西方国家不惜代价将科技创新治理议题"政治化""意识形态化""国际安全泛化"，以掣肘我国参与国际创新治理规则制定。2019年以来，美国多次联合部分西方国家以威胁国家安全、公民数据安全为由制定或修改针对中国或中国企业的5G技术治理规则，以维护美国及其盟友的利益。面对这些不利的竞争形势，一方面，我国要与科技创新力较强的发达国家寻求利益共同点，加强科技创新国际合作。同时，团结和支持作为科技创新前沿领域追赶者的广大发展中国家,推动形成公正合理的国际创新治理秩序,为营造"科技无国界"创造良好环境。另一方面,加强通晓国际规则、技术标准的专业化人才队伍建设,支持高水平中国科技工作者、科技协会等参与国际科技事务,支持推介被国际同行认可的领军科学家担任国际性重要科技组织领导职务,支持国际性科技组织在中国境内建常设机构,积极参与全球科技治理中的规则制定、议程设置、统筹协调以及治理改革。另外,借鉴发达国家经验,探索支持民营企业、科研机构等社会力量设立面向全球的科学研究基金、科技创新奖项,推动形成集创新资源、国际合作、产业发展、金融支撑、公共服务于一体的国际性综合创新平台,以奖励的形式带动关键核心技术攻关、推动行业创新进步和提高全球科技创新影响力。另外,要积极组织具有科学技术普及性的国际性会议,在增加国际科学技术交流、增进中外科技理念相通及科学技术成果共享的同时,也达到了开展科学普及、促进公民科学素养提升的目的。二是积极组织发起国际科技合作项目,掌握技术研发竞争主导权。为提升我国在全球科技创新领域的核心竞争力和话语权,积聚全球优势科技创新资源,为解决全球性关键科学问题作出贡献,2018年3月,国务院印发《积极牵头组织国际大科学计划和大科学工程方案》。通过牵头组织国际大科学计划,有利于我国发挥主导作用,吸引汇聚全球科技创新高端人才,培养造就一批掌握国际领先技术的科学家、学科带头人、学术骨干及学术团队,形成高效的技术研发机制,创造有利于关键核心技术攻关的良好科研生态,从而有助于我国优化全球创新资源布局,为解决世界性重大科学议题贡献更多中国方案。

(三)加强科研机构组织和管理机制改革,释放创新潜能

完善市场经济条件下关键核心技术攻关的新型举国体制,除了探索以市场需求为导向的协同攻关机制,提高开放能力以重构全球创新资源布局,还有赖于加强对国家实验室、国立科研机构等科研载体的组织和管理机制改革,从而为释放科研机构创新潜能提供制度保障。改革开放以来,我国科研机构的组织结构和运行机制改革使科技研发面向市场的能力不断增强。自1999年国务院批准原国家经贸委下辖的10个国家局所属的科研机

构试点开展企业化转制以来，过去偏重于设计研发的传统研究院纷纷抓住机遇，采用公司化改制、联合重组、股份制混改等多种模式探索符合社会主义市场经济规律、研发活动规律和适合自身发展需要的组织结构和运行机制，以构建符合现代企业制度要求、产权多元化、运营市场化、管理科学化、创新持续化的技术创新型企业。当前，在新形势下探索关键核心技术攻关的新型举国体制，还需进一步通过科研机构制度改革来优化创新力量布局和资源配置。一是完善现代科研院所运行机制。我国科研院所运行机制改革应结合新一轮科技革命和产业革命发展趋势、国家重大战略导向及行业发展特点，构建由政研分离的现代科研院所法人治理机制、激励有效的现代院所人力资源体系和开放合作的现代院所组成的创新共同体。在确保国有资产有效运营的前提下，我国现代科研院所法人制度应建立由理事会或董事会独立决策、政事分开、权责明晰、市场化运营的运行机制。如近年来山东产业技术研究院大力推动现代科研院所机制创新，实行理事会决策下的产研院院长负责制，搭建"产研院+投资发展公司+专业研究所等创新主体"的组织架构。理事会负责研究审议产研院拟定的重大政策及发展中遇到的重大事项，选聘、考核产研院院长及副院长，审定产研院发展规划、年度计划和经费预算等，聘请第三方机构综合评估产研院运营管理成效。产研院采用企业化管理模式，负责开展产业战略研究和重大技术集成项目的组织、产业研发创新机构建设与动态管理，统筹产研院资金的使用与管理等工作。同时，产研院下设投资发展公司，负责开展产业研发创新机构投资、海外平台投资、专业园区投资及运营、管理投资引导基金等工作。另外，产研院通过设立专业研究所、产业技术创新中心、企业联合创新中心等多种产业研发创新机构来促进技术创新集群式突破。另外，着力建设开放合作的现代院所创新创业共同体，凝聚创新合力。通过扩大交流合作，充分利用全球创新资源，大力引进海内外一流的战略科学家和科技领军人才，为研发具有全球影响力的创新成果积累人才基础。同时，调动地方政府、龙头企业、高水平大学、社会资本等多方参与创新研发合作，瞄准新兴产业、重点领域布局，通过征集和提炼企业亟待解决的行业关键技术需求，围绕产业链布局创新链，提供产业技术创新、创新资源和要素整合、产业技术扩散、产业创新投融资服务等相应解决方案，进而形成辐射性强的技术研发及转化网络。山东产业技术研究院在开展现代科研院所机制创新的一年内，最大限度激发和释放创新创造活力，凝聚了87个高水平团队，实施了300多项发明专利，孵化了77家高新技术企业，带动社会投资超200亿。二是要完善以知识价值为导向的激励机制，优化创新人才评价机制。现代科研院所探索推行学术团队负责人制，实行重大科研项目目标合同管理模式，建立以"项目经理制"为核心的自主化、独立化科研管理运营机制。实行市场化的内部薪酬分配机制，自主确定考核办法、绩效工资结构、工资标准等。另外，按照"谁使用、谁评价"的原则，突出院所主体地位，建立健全分类评价标准，清理职称评聘中"唯论文、唯职称、唯学历、唯奖项"做法，推行同行评价、市场评价、社会评价有机结合的多元化评价机制，注重评价科技人才和团队学术诚信水平、学术活跃度和影响力以及创新成果的工程化、产业化、市场化水平等情况。

二、优化科技创新驱动的制度安排

（一）加快科技体制机制创新，释放产业升级活力

为进一步发挥市场配置科技创新资源的决定性作用，更好地发挥政府在促进科技创新中的作用，关键在于发挥制度创新在创新驱动发展战略中的"根本驱动力"作用，加强科技创新与制度创新"双轮驱动"，创新科技体制机制，形成市场配置与政府引导有机结合的创新驱动制度安排，以最大限度地释放产业转型升级的活力。一是进一步明确政府和市场在推动科技创新中的功能定位。深入推进政府简政放权，推动政府职能由研发管理向创新服务转变，重点优化政府在制定科技创新战略规划和政策、构建创新创业平台、监督和评估科技创新活动及其实施效果以及支持重大共性关键技术研究、有关公共服务和社会公益方面的公共科技活动组织实施等职能，同时将市场能够有效配置资源的竞争性新产品、新技术研发和新业

态开发交给市场和企业来共同决定，通过市场机制作用将社会资金和金融资本纳入技术创新领域，以培育有利于创新创造的市场和社会环境。二是改革完善科研资金管理和创新成果评价制度。探索建立符合科研规律、高效规范的科研资金管理制度，优化科研项目资金管理流程，精简程序、简化手续。同时改革创新竞争性支持和普惠性支持相协调的科研资金管理机制，既要加大绩效激励力度，提高科技创新效率和科研资金使用效率，又要发挥普惠性支持的政策"托底"作用，以创投引导、风险补偿、梯级贴息等间接支持和后补助方式，稳定科研投入力度并保护科研人员创新的积极性。另外，应进一步完善以科技创新贡献、绩效为导向的科研成果分类评价制度，正确评价科技创新成果的科学价值、技术价值、经济价值、社会价值及文化价值。推动东北地区高等院校和科研机构实施科技创新成果分类绩效评价，将科技创新成果转移转化及其对经济社会的影响程度作为财政科研经费支持的重要评判指标。同时探索构建能够反映全要素生产率对经济贡献度的区域经济核算体系。在夯实科技统计系统的基础上，逐步将科技创新活动的研发支出纳入地方GDP核算，以衡量区域科技创新活动的投入和成效以及创新能力对区域经济可持续增长的重要性。

（二）畅通科技创新成果资本化、产业化通道，构建科技创新成果转移转化体系

科技创新成果的转移转化是实现科技创新成果资本化、产业化的关键所在。然而，我国目前在创新成果产业化建设方面还存在一些缺陷和薄弱环节。因此，应强化科技创新成果转移转化体系的整体部署和系统规划，在尊重科技研发规律和市场经济规律的前提下，逐步完善创新成果的市场化交易平台和相关专业化服务机构的建设。一是促进产学研协同开展科技创新成果转移转化。构建协同研发制度机制，鼓励企业与高等院校、科研机构联合组建技术研发和技术转移团队，以企业实际的技术工艺难题为研究对象，引导企业技术人员、高校和科技机构科研人员协同工作，共同开展研究开发、成果应用与知识产权运营以及标准制定工作，以推动企业科技创新成果的转移转化；围绕产业技术创新发展需求，由行业骨干企业牵头、联合上下游企业和高等院校、科研机构等联合开展技术攻关、技术转移与示范,进而逐渐形成利益共享的产业技术创新联盟。二是提升科技创新成果转移转化的市场化服务水平。强化科技大市场建设,集聚整合区域科技创新资源,以新一代信息技术为支撑,完善科技创新成果信息系统平台,加强科技创新成果数据管理,加快科技创新成果转移转化速度。三是采取多种创新方式激励科研人员转移转化科技创新成果。积极落实国家关于科研人员通过科技成果转化取得股权奖励收入的相关政策。同时鼓励科研人员在岗或离岗创业,放宽高等院校或科研机构等事业单位科研人员到科技创新型企业兼职或离岗创办科技创新型企业的条件,在一定期限内保留其人事关系,并享有参与职称评聘、岗位晋升和社会保险等方面的权利,激发科研人员创新创业的激情和热情。

（三）打造高效协同的区域创新格局

深刻把握在推进创新驱动发展战略中促进经济结构性改革的着力点,应逐步打造区域高效协同的创新格局。围绕区域科技战略布局,增加科学技术资源要素的有效供给,着力培育充满活力的创新主体,并进一步明晰各类创新主体功能定位,系统提升创新主体能力、促进创新主体协同互动,逐渐形成开放高效的协同创新平台和创新网络。一是增强企业科技创新主体意识和主导作用。鼓励并引导企业逐渐掌握在科技创新决策中的话语权,一方面,发挥企业善于洞察市场信息变化的优势,由企业自主制定技术创新研发方向、技术和工艺路线以及各类生产要素的配置方式,自主筹划开展科技创新活动;另一方面,构建多层次的企业技术创新对话机制。在科技创新规划编制、产业技术政策措施制定和重大创新项目立项论证过程中,重视吸纳企业家和企业技术专家的意见建议,以确保技术创新满足市场需求的变化。同时运用财政补助机制调动企业自主创新的积极性,引导企业建立技术研发准备金制度,鼓励企业通过自建、合建、并购等多种形式组建技术研发中心,以提高企业的技术研发能力以及技术成果转化效率。引导企业协同推进产品技术创新与企业管理创新,以实现技术创新、企业组织架构创新和商业模式创新之间的良性互动。另外,提高税收政策支持的普惠性，进一步推进结构性减税政策，提高创新型小微企业的税收优惠比例，减轻其税收负担，以最大程度地发挥税收政策对企业技术创新的激励作用。二是发挥科研机构的引领作用，发挥高等院校的生力军作用，鼓励和引导新型研发机构的发展，充分发挥社会上各类科技研发组织的补充作用，激发各类创新主体的创新活力。三是全面布局开放协同的创新网络。以完善人才市场、资本市场、技术市场等要素市场为基础，畅通区域资源开放共享通道，围绕产业链构建创新链，围绕创新链部署资金链，打造完善健全的创新载体，促进各类创新主体协同合作，强化产学研用紧密结合，深化科教融合创新，推进创新创业服务体系建设，逐步构筑多主体联动推进与万众创新创业深度融合的高效开放的创新网络。

三、完善人才驱动创新政策体系

习近平总书记曾指出创新驱动的关键在于人才驱动。因此，促进创新驱动发展，必须发挥人才的核心驱动价值，发挥人才的引领和生力军作用，将人力资源作为创新驱动战略的"第一驱动力"。通过对全球500余名首席执行官的问卷调查显示，完善的经济体制机制、价廉的劳动力和原材料、巨大的供应商网络已不再是驱动未来制造业发展的要因，而是创新人才。创新人才并非仅指全球领先科技的发明者、科学家等研发人员，同时也包括各个领域内具有创新精神和能力的人才。现有人才队伍的规模、结构和素质还不能适应新常态下我国经济发展的需要，特别是高层次创新型人才极其有限、创新创业能力不强、人才结构和布局不尽合理等等。此外，我国流失的高端人才数量也居全球前列。习近平总书记于2014年在吉林调研时曾指出："懂人才是大学问，聚人才是大本事，用人才是大智慧。"[1]因此，实施人才驱动创新发展，必须拓宽视野，根据我国各地区

---

① 光明网.习近平吉林之行,聚焦这些老难题和新挑战[EB/OL].(2020-07-25)[2022-06-20]. https://m.gmw.cn/baijia/2020-07/25/34028490.html.

的具体情况和各个行业领域在吸引人、用人、培养人方面存在的问题和需求，制定相应的人才培育计划，完善人才吸引、人才稳定、人才激励政策，创新人才创业机制和激励机制，打造创新人才高地，释放人才红利。

（一）研究制定精准的人才计划和政策

制定精准的人才计划和政策应从以下几方面着手。一是制定完善的本土人才培养和吸引本土人才回归的政策计划。用好本土人才是提升经济发展活力、内生动力和产业竞争力的基础和保障。近年来，伴随着我国经济社会快速发展和国际影响力的增强，国内科学研究环境条件不断改善，人才政策更加灵活，吸引了越来越多本土人才回归和留在国内。但是顶尖人才流失情况依然严峻。因此，应制定相应的对策吸引本土人才回归，例如，搭建本土人才交流平台、举办创新人才交流会、海外学子座谈会等活动，让更多长年在外的学子了解国家的人才支持政策和经济改革政策，激发本土人才振兴家乡的责任意识、奉献精神和创新创造热情；推出人才与资本、人才与产业、人才与本土企业合作项目，吸引本土人才回归的同时，借助本土人才在海外的丰厚人脉资源和资本技术优势，助推我国经济转型升级。除此之外，我国区域间也存在着人才结构不平衡的现状，高学历人才更多地流向经济发展的东部发达省份，西部、东北地区人才流失严重。以东北地区为例，东北地区为国家经济发展和高新技术研发培养了大量的顶尖人才，但是人才并没有"为我所用"，高层次人才流失现象日益加剧，因此东北地区应不断强化政策引导，深度挖掘本地人才潜力，促进本土人才回归。如编制紧缺人才培养目录，注重增强本地人才培训工作的针对性、实用性；畅通本地生源留用渠道，做到"本地人才本地消化"；大力鼓励本土人才开展学习深造，对于在职攻读博士、硕士取得学位并继续为本地企业服务的，应给予学费资助，同时积极推荐本地中青年人才参加公派学习；实施顶尖人才"绿卡"政策，帮助解决配偶就业、子女入学等实际困难，实施人才住房保障政策，通过购房租房补贴、人才公寓、廉租房、限价房等途径，构筑以大学本科毕业生为起点的人才住房保障体系，以解决人才稳定发展的后顾之忧。二是完善外部人才引进政策。深度整合政府、企业及人力资源中介组织的引智资源，逐步探索建立人才引进专门机构，以更加主动、积极、开放的姿态引进区外、海外顶尖创新型人才。根据相关产业升级发展需要，跟踪收集在这些领域中掌握领先技术的国内外人才的信息履历及实时工作状态，以待条件具备时寻求人才引进或进一步合作的机会。

（二）创新人才创业机制和激励机制

人才创业机制和激励机制的创新应从以下几个方面展开。一是要建立以企业为主体、以技术创新协同人才创新为宗旨的创新创业机制。根据统计数据显示，美国80%的优秀创新人才集中在企业。然而，我国却处于与之相悖的状态，科研人员远离市场，分布在企业之外，大部分集聚在高等院校、科研机构以及政府机关。然而，我国的科技研发人员仅有55%集中在大型企业，小型企业研发人员只占全部规模以上工业企业研发人员的19.4%。在全国研发人员中，仅有13.4%的博士学历的高层次人才选择在企业中从事技术研发工作，占企业研发总人数的1.1%。这种人才布局明显不适应创新驱动发展战略的需要，应进一步健全创新创业机制，创造各种条件支持科研技术人员创业，帮助其孵化新技术、搭建技术应用平台，进而实现产业化发展；鼓励科研人员向企业集聚，通过扶植重大工程、重要项目来培育行业技术领军人物。二是建立激励方式、激励手段确有成效的创新人才激励机制。鼓励有条件的高新技术企业实施以激励人力资源开发和推动技术创新为目标的股权激励机制，以鼓励科研人员以自主创新成果为资本，参与企业的投资与收益分配，使科研人员与企业更紧密地联系起来，形成不可分割的利益共同体，激发科研人员以更积极主动的态度从事到创新创造活动中去，同时又能体现科技人才的创新价值，使其创新价值得到充分认可和尊重。另外，要根据企业发展阶段的实际情况，综合考量企业文化、历史遗留问题、绩效薪酬人事制度等因素，选择适宜的股权激励工具，创新激励方式和方法，以保证激励和约束的兼容。同时，还要将利益激励与感情激励、成就激励有机结合，形成支持人才、重视人才、尊重人才的良好氛围。

（三）优化创新人才成长发展环境

人才成长发展环境的优化创新至关重要，应着力开展以下几方面工作。一是加大创新资金的投入。稳定持续的资金投入是营造创新人才集聚环境的重要保障。因此，应根据创新创业企业对资金的需求情况，动态调整财政资金投入，以满足科技创新和人才引用育留的需要，同时发挥财政资金投入的引导作用，以科技创新项目扶持、创新成果激励以及对有重大贡献的技术领军人才奖励等方式加强资金投入的导向性。二是完善人才教育培训体系。教育培训在创新人才开发过程中发挥着至关重要的作用，应各自经济社会发展实际需要，制定完善人才教育培训体系，努力打造学历教育与非学历教育并重、理论提升和技能提高并举、岗位培训和脱产培训兼备的多元化、多层次人才教育培训体系。三是树立创新创业典型，营造"鼓励探索、包容失败"创新氛围。有模范就有学习的标杆，有对比就有赶超的目标，应有选择性地树立一批创新创业典型，发挥案例示范的引领作用，激发全社会创新的干劲和勇气，增强创业的信心和热情，同时创新也是一项极具风险性且失败率较高的活动，尤其一些重大创新技术的开发更是得经历"十年磨一剑"的潜心研究，欲速则不达，因此我们应摒弃"只可成功、不许失败"的传统理念，营造"鼓励探索、包容失败"的创新环境，让更多的人能够在自由、宽松、友善的氛围中登上更多全球前沿科技的巅峰，从而使得创新成为根植于文化血液中与生俱来的天然基因。

四、推进普惠金融服务体系的建设

新常态以来，我国经济的发展伴随着社会矛盾的日益激化，这使得人们更加关注经济的包容性增长和经济发展成果的共享，而经济发展成果共享的基础在于各类社会主体对资源的获取享有平等的权利。金融是现代经济的核心，金融本身不仅是一种稀缺资源，而且更是一种资源配置的方法和手段，所以金融资源配置的公平与否，直接影响到其他社会资源的公平配置。因此普惠金融的提出顺应时代发展的要求，凸显了金融的哲学人文关怀，突出强调为社会各阶层和群体提供金融服务的一种金融发展方式的选择。[1]

（一）营造普惠性金融服务环境

完善的普惠金融体系不仅需要金融市场体系、金融机构的改革和完善，而且还要着力营造有利于金融创新的服务环境。一是加强对传统银行体系金融服务模式的创新。在当前利率市场化、金融脱媒的趋势下，银行业的传统服务模式将受到巨大挑战，因此在进一步巩固银行体系发展基础的同时，要更加突出需求导向，有针对性地根据不同行业、不同企业的融资特点，进行产品和服务创新，以统筹化解实体经济资金瓶颈，防控信贷风险，提升银行体系对金融创新的引领作用。同时发展新型互联网金融模式，以开辟银行体系服务于实体经济的新路径。二是拓宽非银金融业态的金融服务空间。在金融改革步伐明显加快的背景下，信托、证券、保险、基金、金融租赁、创业贷款、消费金融等银行体系以外的新型金融业态脱颖而出，凭借其贴近市场、背靠政府、机制灵活、服务快捷的优势，逐渐成为实体经济获得金融支持的重要渠道。但不可否认的是，我国非银金融业态仍然处在风险与发展契机并存的环境中，还需要一手抓风险防范，一手抓创新与稳定发展，改善非银金融机构在公司治理、内部风险控制机制建设和外部环境培育等方面存在的不平衡、不健全、不完备等问题，促进非银金融业态的持续健康发展，才能为实体经济金融服务提供更巨大的发展空间。[2]

（二）发展多元化普惠金融机构

除加快传统金融机构的转型升级外，还要注重培育非银行类金融机构和小微金融机构的成长壮大，实现金融机构的普惠性和多元化发展。首先，拓宽非银行类金融机构的服务空间。在金融改革步伐明显加快的背景

---

[1] 徐充，张瑀. 基于普惠金融视角的我国小微企业金融服务问题探析[J]. 江西社会科学，2017（2）：222.

[2] 徐充，张瑀. 基于普惠金融视角的我国小微企业金融服务问题探析[J]. 江西社会科学，2017（2）：222.

下，非银行类金融机构在传统银行类金融机构间的激烈竞争中脱颖而出，成为企业获得金融支持的重要渠道。非银机构具有贴近市场、背靠政府、机制灵活、服务快捷的优势，尤其与小微企业的运营特征和融资特点相契合，所以在小微企业金融服务体系中的地位日益提升。近年来，非银机构一直保持高速发展态势，行业规模、机构数量和种类进一步扩大，在监管政策的引导下，非银机构小微金融服务的前景是广阔的。其次，扩大专业小微金融机构规模。小微金融机构一般是指在某一个较小地域（一般指一个地级市）经营，注册资本或资产规模较小的金融机构，主要包括小额信贷公司、农村合作银行、农信社、农商行、村镇银行和社区银行。[①]小微金融机构以追求自身财务独立和经营的可持续性为目标，以小微企业为主要服务对象，为其提供特殊的金融产品和服务。小微金融机构根植于当地，充分掌握市场状况，应对市场需求的变化更迅速，同时对当地小微企业知根知底，对潜在风险的预测更准确，因此与大中型机构相比，小微金融机构在做小做微方面更具优势。但是小微金融机构可使用的资金资源是有限的，所以要想更好地实现资金的合理有效配置，实现小微金融机构的规模化发展，除了加强小微金融机构间的深入合作，实现经营规模的扩张，扩大服务对象和范围，还要鼓励地方金融机构通过增资扩股、发行债券和上市融资等多种方式拓宽资金来源渠道，进而增强信贷供给能力。[②]

（三）发展互联网金融服务模式

在金融体制改革日益迫切的新形势下，互联网与金融的融合发展将有利于促进金融服务水平和金融资源配置效率的提升。与传统金融业态相比，互联网金融产品具有高度灵活性、贷款到位速度快、参与门槛低、覆盖范围广等特点可以使小微企业、个体创业者的金融诉求得以满足，提高了金融服务的包容性，彰显了普惠金融的精神。[③]一是营造互联网与金融业

[①] 何毅.基于金融效率的小微金融机构发展路径探析[J].金融理论与实践，2013（12）：27.
[②] 张瑀.供给侧改革视角下小微企业金融服务问题探析[J].前沿，2017（5）：61.
[③] 徐充，张瑀.基于普惠金融视角的我国小微企业金融服务问题探析[J].江西社会科学，2017（2）：222.

融合发展的环境。互联网以大数据和云计算等新一代信息技术作为支撑，逐渐渗透传统金融行业，二者的融合发展，是实现传统金融服务模式转型的重要途径。互联网金融弥补了金融机构在开展小微业务时存在的信息不对称及高成本的缺陷，使得普惠金融在小微金融服务的实践上取得了重大突破性进展，同时也迫使传统金融行业积极投身于互联网金融创新的行列中。近年来，互联网银行、互联网基金、股权众筹、P2P网贷、电商小贷等互联网金融商业模式蓬勃发展，不仅扩大了金融服务的空间，也降低了运营成本，改善了小微企业、个体创业者等弱势金融群体的融资环境。二是处理好互联网金融创新与监管的平衡关系。互联网金融本身就是一种创新，带来新的契机的同时也伴随着不可预知的风险，要想使互联网金融健康发展，更好地服务于实体经济，重点是逐渐确立互联网金融创新与监管的平衡发展格局。一方面，积极鼓励金融信息化的创新发展，发挥互联网金融有效配置资源的功能。另一方面，坚持以监管促创新发展，在一定的风险底线和负面清单范围之内适度监管，以达到防范风险的同时又不阻碍创新的目的。同时在互联网金融业务模式层出不穷、机构大量涌现的情况下，实施差异化监管，对互联网金融的不同形态分类施策。[①]

第五节　深化国有企业体制机制改革

企业作为产品与服务的供给主体，毫无疑问企业制度的改革将是结构性改革的组成部分。国有企业在关系我国国民经济命脉和国家安全的主要领域占据着主导和控制地位，同时国有企业在我国经济运行和经济体制改革中也发挥着关键作用，因此，在推进经济结构性改革中国有企业无疑将扮演主力军和先行者的角色。要根据2020年9月国资委发布的《国企改革三年行动方案（2020—2022）》进行部署，推动完善中国特色现代企业制度和以管资本为主的国有资产监管体制，聚焦主责主业优化国有资本布局和

---

① 张瑀.供给侧改革视角下小微企业金融服务问题探析[J].前沿, 2017（5）：61.

结构调整，深化混合所有制改革，健全市场化经营机制，要力争体制机制改革在更大范围、更深层次破冰破局，有利促进国有资本结构优化提升，为国有企业高质量发展提供强劲动力。

执行中共中央关于经济结构性改革的重大决策，真正从制度上对国有经济、国有企业的体制机制动手术，加快完善以管资本为主的国有资产管理体制，以增强国有经济整体功能和效率；同时逐步规范国有企业公司治理结构、经营机制和管理体系，以提高企业经营和发展活力，使之更能适应市场竞争的需要，使国有企业在新阶段和新的基础上实现健康有序发展，确保经济结构性改革取得突破。

一、完善中国特色现代企业制度

党的十九届四中全会的《关于建立社会主义市场经济体制若干问题的决定》首次提出"完善中国特色现代企业制度"，这是遵循我国企业发展的内在要求和客观规律所实现的企业制度理论的创新，是公司治理的中国方案。作为党领导的国家治理体系的重要组成部分，国有企业改革要把坚持党的领导和完善公司治理有机统一，坚持"两个一以贯之"，即坚持党对国有企业的领导是重大政治原则，必须一以贯之；建立现代企业制度是国有企业改革的方向，也必须一以贯之。这为建设中国特色现代国有企业制度提供了根本遵循。习近平总书记进一步指出："中国特色现代国有企业制度，'特'就特在把党的领导融入公司治理各环节，把企业党组织内嵌到公司治理结构之中，明确和落实党组织在公司法人治理结构中的法定地位，做到组织落实、干部到位、职责明确、监督严格。"[1]这一重要论述为建立科学高效的国有企业公司治理机制指明了方向。

（一）理清党组织和其他公司治理主体的权责边界

权责明确、协调运转、有效制衡的公司治理机制是提升国有企业经营

---

[1] 赵亮.锻造新时代国有企业发展新优势（治理之道）[N].人民日报，2020-11-25（07）.

决策能力的基础。以发挥党的领导作用为核心，梳理归纳不同治理主体间权责关系，明确界定党组织、董事会和经理层的功能定位：突出强调党组织把方向、管大局、保落实的领导作用，重点加强董事会战略引领、经营决策、风险防控的决策作用，明确界定经理层的经营管理作用。党组织在重大经营管理事项把关上，要侧重把关是否符合党的路线方针政策、是否契合国家战略部署、是否有利于实现国有资产保值增值、是否有利于维护人民群众利益和职工合法权益等方面。另外，要摒弃国企董事会务虚不务实现象，依法落实董事会职权方面。2021年9月国资委印发《中央企业董事会工作规则（试行）》，规定了董事会定战略、防风险的具体内容、决策事项范围及董事会决策程序，明确董事长是董事会规范运行的第一责任人。同时，强化了外部董事作决策、强监督的职责，对外部董事在决策中维护国有资本权益、贯彻出资人意志、督促董事会规范有效运行，发挥外部董事召集人沟通桥梁作用等提出明确要求。在此基础上，对董事会向出资人报告企业重要情况、外部董事向出资人报告异常情况等作出了制度性安排。截至2021年末，各级国企党委党组前置研究讨论重大经营管理事项清单、董事会应建尽建，外部董事占多数主体完成，超过80%中央企业集团公司和地方一级企业制定了董事会授权制度。[1]

（二）进一步推进国有企业产权多元化改革

产权多元化是发展混合所有制的必要条件，应在符合国家政策法律的前提下，加快国有企业产权多元化发展进程，调整国有股权比例，提高非国有股比重。完善混合所有制改革多种实现方式。一是积极引入非国有资本参与国有企业改革。吸引各类符合条件的非国有资本投资主体参与国企的改制重组及国有控股上市企业的增资扩股，同时坚持"公开、公平、公正"的市场经济基本法律原则，实行同股同权同利，切实维护各类股东合法权益。推广政府和社会资本合作（PPP）模式，促进政府与社会主体

---

[1] 国务院国有资产监督管理委员会网站.一图看懂2021年中央企业经济运行情况［EB/OL］.（2022-01-20）［2022-06-20］. http://www.sasac.gov.cn/n16582853/n16582883/c22826836/content.html

协同合作，以达到既减轻政府财政负担又减小社会主体的投资风险的双赢目的。二是鼓励国有资本以多种方式入股非国有企业。在加快组建或改组以产业资本投资为主的国有资本投资运营公司的基础上，充分发挥国有资本投资运营公司的市场化资本运作平台的功能，开展对节能环保、新一代信息技术、生物科技等战略性新兴产业领域中的优秀非国有企业的股权投资，以优化国有资本的战略布局。

（三）创新国有企业人力资源制度建设

国有企业人力资源制度是对国有企业各类各层级人员进行有效管理的手段，应不断加强国有企业人力资源制度创新，丰富国有企业人力资源管理的有效实现形式。一是创新与完善人员选拔制度。总体上，要始终坚持党管干部原则，同时依法依规给予董事会选聘经营管理者及经营管理者选拔人才的权利。在国有企业领导人员的选聘管理方面，要根据企业类别和层级，采取选任制、委任制、聘任制等选拔方式，并形成相应的制度流程；在经营管理者的选聘管理方面，要加强国有企业职业经理人选聘制度的完善与执行，采取外部聘请和内部培养相结合的方式，同时完善内部竞争机制，按市场化方式选聘和管理职业经理人，加大对社会高级人才，甚至外籍高级管理人才的选聘，并加快建立退出机制。在其他各类人员的选聘管理方面，应本着信息公开、过程公开、结果公开的原则，健全内部竞争上岗、市场化公开招聘的制度机制，拓宽人才选拔渠道，也可以通过委托猎头公司推荐等方式进行补充。二是深化国有企业绩效考核制度和薪酬制度改革。绩效考核与薪酬管理是企业人力资源管理的核心，二者承上启下、相辅相成。要坚持推行全员绩效考核制度的实施，考核要坚持以业绩为导向，根据岗位职责，科学设定考核指标及考核权重，公正评价员工的履职能力，从而为薪酬制度的改革创新打好基础。国有企业薪酬制度的改革要遵循市场规律和现代企业管理规范，采取多种方式探索完善薪酬分配激励机制，建立与企业各类人员选聘方式相适应并与其业绩相挂钩的差异化、市场化的薪酬分配方式，科学合理地确定其基本年薪、绩效年薪和任期激励收入。根据国务院国资委2021年中央企业经济运行情况统计，经理

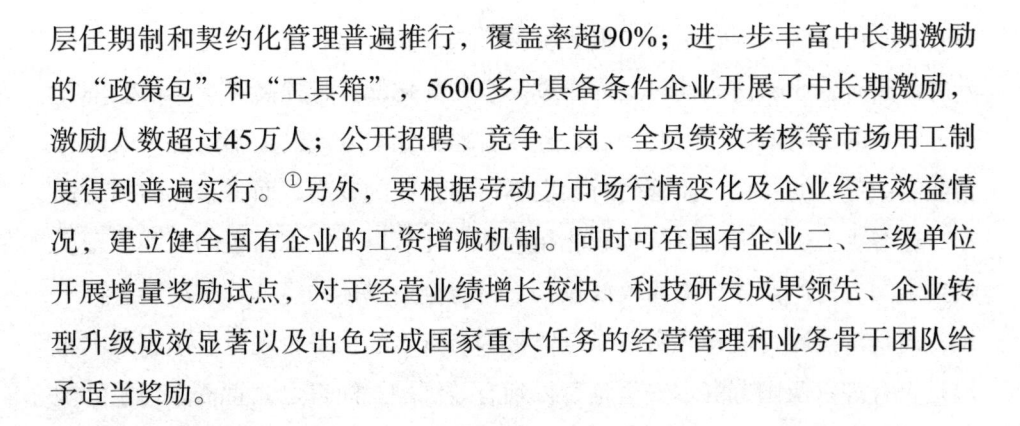

层任期制和契约化管理普遍推行，覆盖率超90%；进一步丰富中长期激励的"政策包"和"工具箱"，5600多户具备条件企业开展了中长期激励，激励人数超过45万人；公开招聘、竞争上岗、全员绩效考核等市场用工制度得到普遍实行。[①]另外，要根据劳动力市场行情变化及企业经营效益情况，建立健全国有企业的工资增减机制。同时可在国有企业二、三级单位开展增量奖励试点，对于经营业绩增长较快、科技研发成果领先、企业转型升级成效显著以及出色完成国家重大任务的经营管理和业务骨干团队给予适当奖励。

二、完善国有资产监管体制

国有资产监管体制的完善是关乎国有企业经营和改革成效的重大问题。党的十八届三中全会着重强调要以管资本为主加强国有资产的监督管理，明确提出以资本为纽带，提高国有资本的运作效率，确保国有资本的保值增值。党的十九大和十九届四中、五中全会也不断地强调要健全管资本为主的国有资产监管体制。到2021年末，各级国资委权责清单制定和分类授权放权工作全面完成，全国国资国企在线监管系统全面建成，业务监管、综合监管、责任追究三位一体的出资人监督闭环进一步完善。中央企业内普遍建立了内部"大监督"模式，地方经营性国有资产集中统一监管基本完成。

（一）加强国资监管机构职能转变

从以"管企业"为主向"管资本"为主转变是对国资监管机构职能的本质要求。长期以来，国有资产的管理都是以管企业为主，即为确保国有资产的有效使用，主要进行业务经营的事务管理，并直接管理企业组织结构。然而，随着国有企业改革的不断深化，现代企业制度逐步确立并完善，公

[①] 国务院国有资产监督管理委员会网站.一图看懂2021年中央企业经济运行情况[EB/OL].(2022-01-20)[2022-06-20]. http://www.sasac.gov.cn/n16582853/n16582883/c22826836/content.html

司制、股份制成了国有企业的重要组织形式,使得国有资本所有权与经营权分离,国有企业的使命就转变为通过资产的优化配置,提高资本运营效率,促进资本的不断增值。因此,过去直接管理企业的方式已经不适应当前国有企业组织形式的变化,监管的对象也不再是企业的资产,而是企业的国有资本,这客观上也要求监管机构职能相应地变化。以管资本为主的资本管理模式要求国有资产监管机构简政放权,不再对企业具体的经营管理活动进行干预,而是依法履行监管职责,重点监督国有资本运作是否规范、国有资本布局是否合理以及国有资本安全是否得到有效维护。简言之,管资本为主的国有资产监管体制强调的不再是资本的"金融属性",而更多强调资本的"技术属性",不仅要监管其资本保值增值情况,还要关注其资本增值是通过什么途径获得的,要监管国有企业是否已经脱离主业、违背国家使命要求和偏离国有资本的功能定位。另外,国有资产监管机构还要加强以管资本为主的监管手段和方式的创新,更多地采用市场化、法制化的监管方式来取代过去行政化的方式,同时改进对国有资本运营主体的考核体系,针对不同性质的国有资本,分类进行考核监督,以提高国有资本监管的效率。

(二)改革国有资本授权经营体制

国有资本是推进国家现代化、维护国家安全的重要物质基础和政治基础。近年来,国有资本越来越成为经济社会健康发展的"稳定器"和全体人民发展成果共享的"压舱石"。数据显示,截至2020年底,中央企业支出国有资本1.21万亿元,向社保基金划转股权。[1]同时也要看到,国有资本运营的效率、保值增值能力仍有较大提升空间。充分发挥国有经济战略支撑作用,必须推动国有资本战略性集中,有效提高投资、运营公司效率,发挥好党组织的作用,推动管资本的授权经营体制落地。

国有资本授权经营体制是以管资本为主规范政府与国有企业之间关系的制度安排。长期以来,以承担社会管理职能为主的政府,同时还作为其管理范围内国有资产的出资人代表,肩负着国有资产管理和国有资本保

---

[1] 梁积江.做强做优做大国有资本(新论)[N].人民日报,2021-06-02(05).

值增值的责任。然而，面对着数量庞大、行业和规模各异的国有企业，政府作为唯一的出资人，其行使管理职能的范围太宽泛，管理的有效性也大大降低。由于政府不能有效行使出资人权利，使得国有企业内部人控制、国有资产流失等一些损害国家利益的问题长期存在。另外，过去很长的一段时间，国有资本投资、运营功能主要放在国有企业中，绝大多数国有企业既搞资本运营，也搞企业经营。因此，有必要对原有的国有资本经营体制进行改革，探索形成产权清晰、权责明确、政企分开、管理科学的高效运营模式。因此，政府应通过授权将出资人职权授予国有资本运营投资公司，负责授权范围内企业国有资本的投资运作与产权经营，从而形成政府（国资部门）—国有资本投资、运营公司—国有企业的三级授权管理架构。这一管理架构目的在于搭建国有资本投资、运营主体，本身不再从事具体的生产经营活动，而是以管资本的方式，实行投资和运营的专业化和市场化。这一管理架构模式在明确国有资本保值增值责任分工的同时，不仅有助于解决政企不分和政府过度干预企业经营管理活动的问题，而且有利于提高政府资本管理和资本运作的有效性。一是要明确国有资本投资、运营公司的功能定位。根据2018年8月国资委印发的《关于推进国有资本投资、运营公司改革试点的实施意见》，作为从事具体的生产经营活动的国有资本市场化运作专业平台，国有资本投资、运营公司这两类公司承担不同功能。国有资本投资公司致力于向关系国家安全、国民经济命脉的重要行业和关键领域集中，主要以解决产业结构调整、产业升级、产业发展问题为主；国有资本运营公司则侧重于国有资本的保值增值，解决国有资本的合理流动和投资回报问题，同时引导和带动社会资本共同发展。差异化的功能定位有助于两类公司在聚焦主责主业的基础上推动企业主动有进有退，发挥以融促产作用，优化投资结构和产业布局，提高国有资本的配置效率。另外，作为新型国有企业，国有资本投资、运营公司必须坚持党对企业的全面领导，加强党的领导与放权授权相统一，确保国有资产投在哪里党组织建设就延伸到哪里，党的理论路线方针政策就贯彻落实到哪里。二是优化国有资本投资、运营公司的授权结构，即国有资产监管机构授权国有资本投资、运营公司履行出资人职责，以及政府直接授权国有资本投资、运营公司履行出资人职责。这一授权结构的优化意味着政府和监管机构不再直接管理企业，而是由政府、国有资产监管机构与国有企业的中间层，国有资本投资、运营公司按照"管资本"的方式管理企业。这一方面有助于理顺国资监管机构与两类公司之间的关系、两类公司与子企业之间的功能边界，实现管理重心从直接管控向战略管控的转变，确立国有企业市场主体地位，阻断政府直接的行政化管理弊端；另一方面，有助于实行政企职责分开和职能到位，充分发挥两类公司积极股东作用，推动权责到位和对等。同时，要以完善两类公司的授权结构为基础，进一步优化其所出资企业的股权构成、治理结构、组织形态、产业布局，促进混合所有制改革、经营机制转换、经理人制度、薪酬分配机制、中长期激励机制等方面改革的推进。目前，国务院国资委、地方国资委分别在不同产业领域、企业层级开展了国有资本投资、运营公司多批次试点工作。截至2021年7月，中央企业共有中粮集团、国投集团、招商局集团、中国建材等19家国有资本投资公司和中国诚通、中国国新2家国有资本运营公司开展试点，并都采取了国有资本监管机构授予出资人职责的授权模式，在经营效益及管理质量提升方面都取得了实效，同时在推进总部改革、创新体制机制等公司治理中发挥了示范引领作用。根据国资委统计数据，在经营质量方面，19家国有资本投资公司试点企业2020年净利润同比增长14.3%、营业收入同比增长6.6%，大幅超过央企平均水平。在此基础上，2021年上半年试点企业营业收入和净利润同比增长34.3%和72.2%。[①]

（三）推动国有资本的优化配置

新常态下全面深化国有企业改革的基本目标就是实现国有经济与市场经济体制的融合，更好地发挥市场在资源配置中的决定性作用，因此，完善的国有资本管理体制应以市场为导向，围绕国家发展战略调整国有企业布局结构，实现国有资本的合理流动和优化配置。一是要调整国有资本布

---

① 刘志强.转向"管资本"央企活力足（产经观察）[N].人民日报，2021-11-03（18）.

局，优化国有资本投向。与以转移支付、发行债券、税收优惠等手段为主的财税政策相比，通过调整国有资本布局来调节、优化经济运行和发展的格局，其力度更大，速度更快，更加有助于进一步发挥国有资产对推动经济发展的作用。因此，应以优化存量、引导增量、主动减量为调整思路，紧密围绕服务于产业结构调整、新型城镇化建设、改善民生、数字经济发展等的国家战略，优化国有资本投资领域的布局结构。自2021年以来，国有企业全面布局数字化转型提速，国务院国资委发布国有企业数字化转型实施专项行动计划，打造试点示范标杆，组建央企协同创新平台，着力推动国有企业数字化转型。一系列利好之下，国有企业全面布阵数字化转型，主动将"数字化""智能化"融入生产、管理、营销、产业协作等各个方面，运用新形式、新手段，不断实现数字化转型走深走实；支持国有资本投向现代服务业和战略性新兴产业，由过去重点强化工业体系建设转向更多地加强现代服务业体系建设，以逐步提高服务业比重；由过去以破坏生态环境为代价追求经济发展速度转向更多地注重环境治理和生态保护，更加关注经济发展的质量，限制高耗能、高污染行业的发展，以利用国有资本的力量推进产业结构调整和经济转型发展。二是推动国有企业资源整合，做强做优做大主业。推进国有企业之间和企业内部的调整重组，以达到不断优化国有企业资源配置的目的。对于主业相近或市场关联度较高的国有企业，引导通过各种方式进行资源整合，向具有核心竞争力的优势企业集聚，向价值链中高端集中。对于国有企业集团内部的资源优化配置，应按照"有所为、有所不为"的方针，突出做强做优主业，提升企业发展的竞争力。企业内部资源的整合需根据产业链进行梳理，从企业自身资源和技术条件出发，突出内部核心业务和关键环节的优势，对产业链的高附加值环节进行布局，同时对无效低效投资和非主业、非核心业务进行剥离，集中优势资源，做强主业。近年来，国资委着力中央企业战略性重组、专业化整合、并购、"两非"（非主业、非优势）剥离和"两资"（低效资产、无效资产）清退、"压减"等五个重点，推进国有企业，进一步聚焦服务国家战略部署，服务国有资本布局和产业发展需要，规范投资并购,做强主业实业。截至2021年底,中央企业地方国有企业的"两非""两资"剥离清退率超过80%。①同时,鼓励有影响力、研发能力的国有企业在规范管理、规避风险的前提下,优化配置全世界范围内的资源要素、先进技术和市场网络,将企业融入世界经济循环的大环境当中,增强企业参与国际竞争和国际分工的能力。

三、推进国有企业分类改革

分类改革是进一步深化我国国有企业改革的创新亮点和重要内容。2015年9月发布的《关于深化国有企业改革的指导意见》首次明确指出要在准确界定不同国有企业功能的前提下,推进国有企业分类改革,并随之出台了国有企业功能界定及分类细则,为新形势下深化国有企业改革明确了方向。

(一)精准划分国有企业类别

界定国有企业类别和功能是深化国有企业改革的重要前置性工作。完善现代企业制度、发展混合所有制经济、改组或组建国有资本投资运营公司等重大改革举措的完善和落地,都需要以清晰界定国有企业类型为基础。应在立足国有资本战略目标和结构布局的前提下,围绕不同类型国有企业在经济社会发展中的作用、现状及趋势的差别,根据其经营发展模式和主营业务范围,将国有企业划分为竞争性和公益性两种类型。其中,前者是指独立自主参与市场竞争、开展生产经营活动并实行商业化运作的国有企业;后者则主要是以供给公共产品和服务为主的非竞争性国有企业。准确界定不同国有企业功能并科学分类能够有效避免过去"一刀切"的国企改革弊病,有利于扭转国有企业盈利使命与公共服务使命相冲突的尴尬局面,有利于协同发挥国有企业经济效益和社会效益,有利于丰富国有资

---

① 国务院国有资产监督管理委员会网站.一图看懂2021年中央企业经济运行情况[EB/OL].(2022-01-20)[2022-06-20]. http://www.sasac.gov.cn/n16582853/n16582883/c22826836/content.html.

本功能、实现国有资产保值增值。

（二）分类施策推进改革发展

分类施策是针对不同类别国有企业的功能，制定有针对性的改革措施。一是要发挥市场的决定性作用推进竞争性国有企业的改革。支持竞争性国有企业改革先行先试，加大混合所有制改革力度。对于处于充分竞争行业和领域的国有企业，以实现股权多样化为改革目标，积极吸引非国有资本主体以多种方式参与国有企业改制重组。健全公司法人治理结构、规范董事会建设、完善激励约束机制、整合企业内部资源、分离企业办社会职能、帮扶劣势企业退出等。另外，以能源、矿产资源为主的自然垄断行业的国有企业和以交通、通讯为主的控制着国家经济命脉的国有企业，以及以国防工业为代表的关系着国家安全的国有企业，对于上述这几类竞争性国有企业的改革，可依据具体情况采取特许经营方式推进，同时政府也要加强监管，以避免政企、政资混为一谈的局面发生。另外，在推进改革的同时也要高度重视竞争性国有企业的升级发展，加大重组整合力度和研发投入，持续推动科技创新和管理创新，力争培育一批技术领先、管理规范、国际竞争力较强的行业领军型国有企业。党的十九大以来，中央企业集团先后完成了一批资产规模大、影响深远的战略性重组项目。2021年4月28日中国星网正式揭牌，9月25日中国电气装备揭牌成立，12月6日中国物流集团揭牌成立，12月23日中国稀土集团挂牌成立。[①]此外，中化集团和中国化工实施重组，中国普天并入中国电科，鞍钢重组本钢，海洋工程装备技术平台加快落地，大范围、全方位、跨行业的整合重组使得中央企业主业越来越明显，产业清晰度也越来越高。二是以强化公共服务功能为目标推进公益性国有企业的改革。首先是要严格限定公益性国有企业主业范围，在加强主业管理的基础上，逐步促进公共资源的市场化配置。其次，积极引入社会资本通过特许经营、委托代理、PPP模式等方式参与公益性国

---

① 国务院国有资产监督管理委员会网站.央企重组整合步入新赛道[EB/OL].(2021-12-31)[2022-06-20]. http://www.sasac.gov.cn/n4470048/n16518962/n22461652/n22461657/c22520414/content.html

有企业的经营,在实现公共项目资金投入多元化的同时,提升公益性国有企业经营的质量和效率。

(三)因企施策开展分类监管与考核

对于竞争性国有企业的监管,要始终坚持以管资本为主线,主要监管国有资本布局是否合理、国有资本运作是否规范、国有资产流失是否得以有效控制等方面。对于处于充分竞争领域的竞争性国有企业,监管重点在于监督董事会是否依法依规行使权利、经营管理自主权是否有效落实、职业经理人制度是否得以切实推进等方面;对于处于关系国计民生重要领域的竞争性国有企业,监管重点在于企业是否能够更好地服务于经济社会的稳定有序运转。另外,对于竞争性国有企业的考核,应根据不同领域企业的实际情况,建立差异化、多元化的考核制度,如年度考核与任期考核相互补充、结果考核与过程评价有机统一等。对于公益性国有企业的监督考核,应加大信息公开力度,接受社会监督,在考核中也要尝试引入社会评价。

参考文献

1. 著作类

[1] 马克思. 资本论（1-3卷）[M]. 北京: 人民出版社, 2004.

[2] 马克思, 恩格斯. 马克思恩格斯选集（1-4卷）[M]. 北京: 人民出版社, 2012.

[3] 马克思, 恩格斯. 马克思恩格斯文集（1-10卷）[M]. 北京: 人民出版社, 2009.

[4] 列宁. 列宁专题文集 [M]. 北京: 人民出版社, 2009.

[5] 列宁. 列宁选集（1-4卷）[M]. 北京: 人民出版社, 2012.

[6] 毛泽东. 毛泽东文集（第2卷）[M]. 北京: 人民出版社, 2009.

[7] 邓小平. 邓小平文选（第3卷）[M]. 北京: 人民出版社, 1993.

[8] 习近平. 习近平总书记系列重要讲话读本 [M]. 北京: 学习出版社, 2014.

[9] 习近平. 论把握新发展阶段、贯彻新发展理念、构建新发展格局 [M]. 北京: 中央文献出版社, 2021.

[10] 习近平. 习近平经济思想学习纲要 [M]. 北京: 人民出版社, 2022.

[11] 习近平. 习近平谈治国理政 第二卷 [M]. 北京: 外文出版社, 2017.

[12] 习近平. 习近平谈治国理政 第四卷 [M]. 北京: 外文出版社, 2022.

[13] 保罗·萨缪尔森, 威廉·诺德豪斯. 经济学: 第19版 [M]. 萧琛, 等译. 北京: 商务印书馆, 2013.

[14] 兰斯·泰勒. 结构主义宏观经济学 [M]. 颜泽龙, 译. 北京: 经济科学出版社, 1990.

[15] 迈克尔·波特. 竞争优势 [M]. 陈小悦, 译. 北京: 华夏出版社, 2013.

[15] 道格纳斯·C·诺思. 经济史中的结构与变迁[M]. 上海: 三联书店, 1994.

[16] 皮亚杰. 结构主义[M]. 北京: 商务印书馆, 1978.

[17] 许涤新主编. 政治经济学辞典[M]. 北京: 人民出版社, 1980.

[18] 顾海良.《〈政治经济学批判〉导言》《〈政治经济学批判〉序言》精学导读[M]. 北京: 科学出版社, 2019.

[19] 黄奇帆. 结构性改革[M]. 北京: 中信出版社, 2020.

[20] 肖林. 新供给经济学——供给侧结构性改革与持续增长[M]. 上海: 格致出版社, 2016.

[21] 王一鸣, 陈昌盛等. 重构新平衡: 宏观经济展望与供给侧结构性改革[M]. 北京: 中国发展出版社, 2016.

[22] 迟福林主编. 转型闯关——"十三五": 结构性改革历史挑战[M]. 北京: 中国工人出版社, 2016.

[23] 姜国强. 制度创新与转型经济发展方式——以东北地区为例[M]. 北京: 经济科学出版社, 2013.

[24] 郭克莎, 胡家勇等. 中国所有制结构变化趋势和政策问题研究[M]. 广州: 广东科学出版社, 2015.

[25] 李楠. 中国现阶段所有制结构及其演变的理论与实证研究[M]. 武汉: 武汉大学出版社, 2008.

[26] 国务院发展研究中心课题组. 当前中国产能过剩问题分析: 政策、理论案例[M]. 北京: 清华大学出版社, 2014.

[27] 杜明军. 全球化条件下中国要素结构的优化战略[M]. 北京: 社会科学文献出版社, 2015.

[28] 肖兴志主编. 中国老工业基地产业结构调整研究[M]. 北京: 社会出版社, 2013.

[29] 周新城. 当代马克思主义政治经济学的若干理论问题[M]. 北京: 社会科学文献出版社, 2016.

[30] 李建军等. 中国普惠金融体系: 理论、发展与创新[M]. 北京: 知识产权出版社, 2014.

[31] 文静. 金融机构"非银行化"发展研究[M]. 上海: 东方出版中心, 2009.

[32] 陈勇主编. 中国互联网金融研究报告[M]. 北京: 中国经济出版社, 2015.

[33] 史建平主编. 中国中小企业金融服务发展报告[M]. 北京: 中国金融出版社, 2013.

[34] 古建芹. 推进城乡统筹发展的财税政策研究[M]. 北京: 人民出版社, 2015.

[35] 赵昌文等. 新时期中国产业政策研究[M]. 北京: 中国发展出版社, 2016.

[36] 江苏省国资委课题组. 国企改革十大难题[M]. 南京: 江苏人民出版社, 2016.

[37] 马骏等. 国企改革路线图探析[M]. 北京: 中国发展出版社, 2016.

[38] 杨英杰等. 做优国企 改革新读本[M]. 北京: 清华大学出版社, 2017.

2. 期刊类

[1] 习近平. 加快建设科技强国 实现高水平科技自立自强[J]. 求是, 2022(09).

[2] 习近平. 不断做强做优做大我国数字经济[J]. 求是, 2022(02).

[3] 习近平. 把握新发展阶段, 贯彻新发展理念, 构建新发展格局[J]. 求是, 2021(09).

[4] 习近平. 正确认识和把握中长期经济社会发展重大问题[J]. 求是, 2021(02).

[5] 习近平. 国家中长期经济社会发展战略若干重大问题[J]. 求是, 2020(21).

[6] 中共国家卫生健康委党组. 谱写新时代人口工作新篇章[J]. 求是, 2022(15).

[7] 周文, 肖玉飞. 深刻把握习近平经济思想的三重逻辑要义[J]. 经济问题探索, 2022(06).

[8] 顾海良. 习近平经济思想与马克思主义狭义和广义政治经济学发展[J]. 当代经济研究, 2022(04).

[9] 施红, 程静. 从社会再生产角度看习近平经济思想的理论源泉和升华[J]. 理论视野, 2022(03).

[10] 中共国家卫生健康委党组. 谱写新时代人口工作新篇章[J]. 求是, 2022 (15).

[11] 洪银兴. 经济发展的中国道路和习近平经济思想的贡献[J]. 经济学动态, 2021(12).

[12] 张来明, 赵昌文. 推动高质量发展需要处理好的若干重大关系[J]. 红旗文稿, 2022(04).

[13] 邱宝林. 坚持"两个一以贯之"建设现代企业制度[J]. 红旗文稿, 2022 (03).

[14] 刁琳琳. 中国土地供给侧结构性改革思辨：理论回溯、实践逻辑与政策方向[J]. 北京行政学院学报, 2022(04).

[15] 徐充, 郑朝霞. 高质量发展视域下供给侧结构性改革推进路径研究[J]. 广西社会科学, 2021(10).

[16] 周密, 胡清元, 边杨. 扩大内需战略同供给侧结构性改革有机结合的逻辑框架与实现路径[J]. 经济纵横, 2021(09).

[17] 曾宪奎. 新时代我国需求侧改革的内涵、背景及重点内容分析[J]. 当代经济管理, 2021(07).

[18] 贾康, 刘薇. 双循环视域下需求侧改革的内涵、堵点及进路[J]. 新疆师范大学学报(哲学社会科学版), 2021(09).

[19] 刘志彪. 需求侧改革：推进双循环发展格局的新使命[J]. 东南学术, 2021 (02).

[20] 方福前. 正确认识和处理供给侧改革与需求侧管理的关系[J]. 经济理论与经济管理, 2021(04).

[21] 陈彦斌. 需求侧管理的内涵与落实：宏观政策"三策合一"视角[J]. 中国高校社会科学, 2021(06).

[22] 孔祥利, 谌玲. 供给侧改革与需求侧管理在新发展格局中的统合逻辑与施策重点[J]. 陕西师范大学学报(哲学社会科学版), 2021(05).

[23] 石建勋, 杨婧. 新发展格局下需求侧管理的历史逻辑、理论内涵及实施路径[J]. 新疆师范大学学报(哲学社会科学版), 2021(11).

[24] 江红霞, 王赞新. 构建国内国际双循环相互促进的新发展格局——基于经济理论史和改革开放史的考察分析[J]. 湖南社会科学, 2021(02).

[25] 张小溪. 碳中和机制下的中国可持续发展[J]. 中国发展观察, 2021(21).

[26] 黄群慧, 陈创练. 新发展格局下需求侧管理与供给侧结构性改革的动态协同[J]. 改革, 2021(03).

[27] 马文军. 供给侧改革背景下钢铁行业去产能绩效评价——基于"十三五"期间钢铁行业供给侧结构性改革成效的分析[J]. 价格理论与实践, 2020(07).

[28] 刘江宁. 扩大内需:"中国之治"深化供给侧结构性改革[J]. 山东社会科学, 2020(10).

[29] 方福前. 供给侧结构性改革、供给学派和里根经济学[J]. 中国人民大学学报, 2020, 34(03).

[30] 崔健. 日本供给侧结构性改革的时机、措施与效果研究[J]. 日本学刊, 2020(S1).

[31] 陆岷峰. 深化金融供给侧结构性改革与纾困民营企业融资难问题研究[J]. 南方金融, 2020(04).

[32] 刘峻峰, 李巍. 金融新常态与经济新常态的协同发展分析——兼论金融供给侧结构性改革中解除金融抑制的进程[J]. 经济体制改革, 2020(01).

[33] 胡莹. 马克思再生产图式理论视野下的供给侧结构性改革[J]. 思想战线, 2019, 45(5).

[34] 黄新华, 马万里. 从需求侧管理到供给侧结构性改革:政策变迁中的路径依赖[J]. 北京行政学院学报, 2019(05).

[35] 苏京春, 王琰. 美国二战后六轮减税的逻辑及演进中的宏观调控——兼论对我国供给侧结构性改革与宏观调控抉择的启示[J]. 华中师范大学学报(人文社会科学版), 2019, 58(4).

[36] 田正, 武鹏. 供给侧结构性改革的路径:日本的经验与启示[J]. 日本学刊, 2019(03).

[37] 刘凤义,曲家宝. 马克思主义政治经济学与西方经济学关于供求关系分析的比较——兼谈我国供给侧结构性改革[J]. 经济纵横, 2019(03).

[38] 程民选,冯庆元. 供需动态平衡视角下的供给侧结构性改革——兼论其微观基础与制度保障[J]. 理论探讨, 2019(01).

[39] 徐君. 供给侧结构性改革驱动资源型城市转型的战略框架及路径设计[J]. 企业经济, 2018, 37(11).

[40] 杨慧玲. 价值关系矛盾运动逻辑中的供给侧结构性改革[J]. 当代经济研究, 2018(11).

[41] 孙悦,石浩廷. 供给侧结构性改革与东北老工业基地经济增长新旧动力转换[J]. 学术交流, 2018(09).

[42] 曾蓓,崔焕金. 农业供给侧结构性改革的阶段性特征与启示:1978~2015[J]. 云南财经大学学报, 2018, 34(07).

[43] 王朝明,张海浪. 供给侧结构性改革的理论基础:马克思价值理论与西方供给学派理论比较分析[J]. 当代经济研究, 2018(04).

[44] 钱志勇,齐丹. 中国经济短期和长期供给侧结构性改革研究[J]. 学习与探索, 2018(04).

[45] 刘尚希,苏京春. 供给侧结构性改革、新动能与供求新平衡[J]. 中共中央党校学报, 2018, 22(04).

[46] 杨继国,朱东波. 马克思结构均衡理论与中国供给侧结构性改革[J]. 上海经济研究, 2018(01).

[47] 蔡之兵,张可云. 区域关系视角下的供给侧结构性改革研究[J]. 河北学刊, 2018, 38(01).

[48] 张文,张念明. 供给侧结构性改革导向下我国新旧动能转换的路径选择[J]. 东岳论丛, 2017, 38(12).

[49] 简新华,余江. 马克思主义经济学视角下的供求关系分析[J]. 马克思主义研究, 2016(04).

[50] 谢地,郁秋艳. 用马克思主义政治经济学指导供给侧结构性改革[J]. 马克思主义与现实, 2016(01).

[51] 逢锦聚. 马克思生产、分配、交换和消费关系的原理及其在经济新常态下的现实意义[J]. 经济学家, 2016(02).

[52] 田映吉, 吴冠勇. 马克思社会资本再生产理论及其现实意义[J]. 遵义师范学院学报, 2016(04).

[53] 张朋光. 生产力解读的四种范式和三重境界——棱镜中的马克思生产力理论研究评析[J]. 学术论坛, 2016(01).

[54] 何海燕. 浅议马克思的生产力理论与历史唯物主义[J]. 马克思主义哲学论丛, 2014(02).

[55] 张江, 周玲. 邓小平对马克思主义生产力理论的继承与发展[J]. 生产力研究, 2005(12).

[56] 李维森. 马克思生产力理论发展的三个阶段[J]. 经济科学, 1984(06).

[57] 朱奎. 马克思经济周期理论：一个现代阐释[J]. 马克思主义研究, 2010(07).

[58] 林致远. 马克思的经济周期理论及其当代价值[J]. 当代经济研究, 2006(07).

[59] 王勇. 对马克思主义经济周期理论的重新解读与思考[J]. 社会科学, 2009(10).

[60] 李娟娟, 赵景峰, 湛爽. 马克思经济周期理论与中国经济新常态[J]. 经济学家, 2015(09).

[61] 陈自元, 汪绪永. 毛泽东社会结构思想的现实启示[J]. 广西大学学报(哲学社会科学版), 2006(03).

[62] 许梦博, 李世斌. 基于马克思社会再生产理论的供给侧结构性改革分析[J]. 当代经济研究, 2016(04).

[63] 刘勇. 马克思的社会经济结构理论及其方法论意义[J]. 中州学刊, 1983(03).

[64] 贾贵生. 马克思社会经济结构理论初探[J]. 内蒙古大学学报(哲学社会科学版), 1996(06).

[65] 孔祥旭. 马克思的社会经济结构理论新探[J]. 马克思主义研究, 1987

(01).

[66] 侯晓东. 供给侧结构改革的马克思主义政治经济学研究——基于市场供需均衡理论比较视角[J]. 当代经济, 2016(19).

[67] 迟福林. "十三五"：以经济转型为主线的结构性改革[J]. 上海大学学报（社会科学版），2016(03).

[68] 张慧芳，朱雅玲. 供需双侧结构性改革与中国经济中高速增长[J]. 河北经贸大学学报, 2016(05).

[69] 齐建国，王红，彭绪庶，刘生龙. 中国经济新常态的内涵和形成机制[J]. 经济纵横, 2015(03).

[70] 逄锦聚. 经济发展新常态中的主要矛盾和供给侧结构性改革[J]. 政治经济学评论, 2016(03).

[71] 周叔莲. 经济结构理论研究的回顾与思考[J]. 中国井冈山干部学院学报, 2013(09).

[72] 赵瑞彰. 论社会总供给和总需求的结构平衡控制[J]. 兰州学刊, 1987(01).

[73] 韩庆祥，张艳涛. 体制性改革与结构性改革[J]. 中共中央党校学报, 2015(10).

[74] 徐诺金. 供给侧结构性改革与新供给经济学[J]. 金融市场研究, 2015(12).

[75] 陈小亮，陈彦斌. 供给侧结构性改革与总需求管理的关系探析[J]. 中国高校社会科学, 2016(03).

[76] 丁永健，王琨，郝琦. "国进民退"真伪之辨——金融危机后所有制结构变动研究综述[J]. 经济研究导刊, 2016(10).

[77] 王军华. 新常态下国有企业改革新思路[J]. 经济纵横, 2015(10).

[78] 赵治纲. "降成本"现状、成因与对策建议[J]. 财经科学, 2016(06).

[79] 罗力. "供给侧结构性改革"与"里根经济学"异同辨析[J]. 经济师, 2016(04).

[80] 赵景峰，湛爽. 供给侧结构性改革：国际经验与中国启示[J]. 山东社会科

学,2016(06).

[81] 童行健.供给学派并非是供给侧结构性改革的理论渊源[J].经济研究导刊,2016(10).

[82] 李栋.里根经济学的政策实践及启示[J].财经研究,2012(01).

[83] 刘伟,蔡志洲.经济增长新常态与供给侧结构性改革[J].求是学刊,2016(01).

[84] 李俊江,彭越.日本中小企业技术创新模式的演变分析[J].现代日本经济,2015(01).

[85] 徐峰.创新驱动产业转型:美国政府20世纪80—90年代的经验与启示[J].世界科技研究与发展,2014(04).

[86] 毛锐,张晓青.二战后撒切尔政府区域政策改革分析[J].武汉大学学报(人文科学版),2013(05).

[87] 李罡.论英国的结构改革与经济增长——对撒切尔结构改革及其影响的再解读[J].欧洲研究,2015(02).

[88] 孙肖远.论"四个全面"战略布局的内在逻辑——以改革发展稳定的辩证统一为视角[J].南京师大学报(社会科学版),2016(01).

[89] 徐曼.新常态下正确处理政府与市场的关系[J].马克思主义学刊,2015(06).

[90] 唐龙.产业体系的现代性特征和现代产业体系的架构与发展[J].经济体制改革,2014(06).

[91] 贺俊,吕铁.从产业结构到现代产业体系:继承、批判与拓展[J].中国人民大学学报,2015(02).

[92] 张豪,张向前.日本适应驱动创新科技人才发展机制分析[J].现代日本经济,2016(01).

[93] 张万强.新常态下东北老工业基地供给侧矛盾即改革路径研究[J].内蒙古社会科学(汉文版),2016(04).

[94] 李锦.正确认识国企改革与供给侧改革的内在逻辑[J].现代国企研究,2016(07).

[95] 宋冬林. 制约东北老工业基地创新创业的主要因素及建议[J]. 经济纵横, 2015(07).

[96] 王琳, 张曾. 经济新常态下我国收入分配制度改革路径研究[J]. 价格理论与实践, 2016(08).

[97] 陆万军, 张彬斌. 不公平抑或不均等?——中国收入分配问题的制度成因及治理[J]. 东南学术, 2016(06).

[98] 陈升, 李兆洋. 产业负面清单制定及其管理模式研究[J]. 中国软科学, 2014增刊.

[99] 王海光. 2000年以来户籍制度改革的基本评估与政策分析——21世纪以来中国城镇化进程中的户籍制度改革问题研究之一[J]. 理论学刊, 2009(05).

[100] 齐美东, 戴梦宇, 郑焱焱. "全面放开二孩"政策对中国人口出生率的冲击及趋势探讨[J]. 中国人口·资源与环境, 2016(09).

[101] 张瑀. 供给侧改革视角下小微企业金融服务问题探析[J]. 前沿, 2017(05).

[102] 徐充, 张瑀. 基于普惠金融视角的我国小微企业服务问题探析[J]. 江西社会科学, 2017(02).

[103] 朱思静. 中国转型期体制惯性与政策调整的交互影响关系[J]. 经济研究导论, 2016(14).

3. 报纸中析出的文献

[1] 刘志强. 转向"管资本"央企活力足(产经观察)[N]. 人民日报, 2021-11-03(18).

[2] 龚鸣. 坚持绿色低碳发展 共建清洁美丽世界(命运与共)[N]. 人民日报, 2021-10-30(03).

[3] 丁怡婷, 寇江泽. 我国建成世界最大清洁发电体系[N]. 人民日报, 2021-09-05(01).

[4] 顾仲阳, 郁静娴, 方圆. 我们把饭碗牢牢端在自己手中[N]. 人民日报, 2021-07-09(01).

[5] 梁积江. 做强做优做大国有资本（新论）[N]. 人民日报, 2021-06-02（05）.

[6] 陆娅楠. 第七次全国人口普查主要数据公布人口总量保持平稳增长[N]. 人民日报, 2021-05-12（01）.

[7] 彭飞. 推动京津冀协同发展迈上新台阶（评论员观察）[N]. 人民日报, 2021-03-24（05）.

[8] 赵亮. 锻造新时代国有企业发展新优势（治理之道）[N]. 人民日报, 2020-11-25（07）.

[9] 曲哲涵, 王观. 漅提高居民生活质量, 提升民生治理效能民生领域财政投入持续增长[N]. 人民日报, 2020-11-17（01）.

[10] 王珂, 齐志明. 漅消费成为中国经济增长主引擎（"十三五"，我们这样走过）[N]. 人民日报, 2020-10-08（01）.

[11] 卢泽华. 会转型、能转型，更要敢转型数字化助中小企业渡难关[N]. 人民日报海外版, 2020-05-29（08）.

[12] 邹洁. "十三五"煤炭工业去产能10亿吨/年以上[N]. 中国工业报, 2021-03-23（02）.

[13] 顾阳. 钢铁去产能为何重返风口浪尖[N]. 经济日报, 2021-04-09（05）.

[14] 李婕. 央企供给侧改革见实效[N]. 人民日报海外版, 2021-01-04（03）.

[15] 王观. "十三五"期间新增减税降费累计将达7.6万亿元左右——为企业减负 为创新加油[N]. 人民日报, 2020-12-08（07）.

[16] 习近平. 在省部级主要领导干部学习贯彻党的十八届五中全会精神专题研讨班上的讲话[N]. 人民日报, 2016-05-10（01）.

[17] 习近平. 关于《中共中央关于制定国民经济和社会发展第十三个五年规划的建议》的说明[N]. 人民日报, 2015-11-03（01）.

[18] 习近平. 在经济形势专家座谈会上的讲话 更好认识和遵循经济发展规律 推动我国经济持续健康发展[N]. 人民日报, 2014-07-09（1）.

[19] 袁于飞. "十三五"期间我国一批关键核心技术取得突破[N]. 光明日报, 2020-10-22（01）.

[20] 熊丽. 2021年我国研发投入强度创新高科创能力稳居中等收入经济体首

位[N].经济日报,2022-01-27(03).

[21] 董碧娟."十三五"期间1亿多农业转移人口自愿有序实现了市民化——如何让1亿新市民留得住过得好[N].经济日报,2020-10-26(07).

[22] 佘惠敏.过去5年,全社会研发经费支出从1.42万亿元增长到2.21万亿元——我国科技创新实现量质齐升[N].经济日报,2020-10-22(06).

[24] 冯丽妃.扫除"拦路虎",让科技成果转化畅通无阻[N].中国科学报,2022-03-11(04).

[25] 张璇.锻造高质量发展的人才引擎[N].中国组织人事报,2021-01-19(03).